非暴力亲子关系心理学

程瑞鹏·著

中国纺织出版社有限公司

内 容 提 要

沟通不仅仅是说话，更多的时候是一种心与心的交流。非暴力沟通就是一种可以触碰孩子内心的沟通方式，是解锁爱和理解的密码，是改善亲子关系、建立亲子信任的重要手段。这本书将带领家长们从新的角度去看待和认识孩子的行为，回归到原始真诚的状态去和孩子相处，并让家长们学到实用性的工具和技能，熟练转化那些习惯性的带有暴力因素的沟通方式，在使自己情绪平稳的同时，也给孩子营造出一个充满爱的成长环境。

图书在版编目（CIP）数据

非暴力亲子关系心理学 / 程瑞鹏著. -- 北京：中国纺织出版社有限公司，2021.4
ISBN 978-7-5180-8220-9

Ⅰ.①非… Ⅱ.①程… Ⅲ.①青少年—亲子关系—家庭教育—教育心理学 Ⅳ.①G782

中国版本图书馆 CIP 数据核字（2020）第 228116 号

策划编辑：顾文卓　　特约编辑：王亚芳
责任校对：高　涵　　责任印制：何　建

中国纺织出版社有限公司出版发行
地址：北京市朝阳区百子湾东里 A407 号楼　邮政编码：100124
销售电话：010—67004422　传真：010—87155801
http://www.c-textilep.com
中国纺织出版社天猫旗舰店
官方微博 http://weibo.com/2119887771
三河市宏盛印务有限公司印刷　各地新华书店经销
2021年4月第1版第1次印刷
开本：710×1000　1/16　印张：14
字数：150千字　定价：45.80元

凡购本书，如有缺页、倒页、脱页，由本社图书营销中心调换

序言

有这样一句话：我们花一辈子时间等待父母给我们道歉，他们花一辈子时间等待我们说谢谢，而我们都得不到彼此想要的。

很少有父母不爱自己的孩子，然而，实际上也没有多少父母真正懂得如何去爱孩子。

所以很多时候，父母自以为对孩子深沉的爱，反而成了一种伤害。

很想问问各位妈妈：

你有没有因为孩子不按照你说的去做，而气急败坏打了他？

你有没有想要更了解孩子，而去偷看他在做什么，翻他的抽屉？

你有没有将自己在工作中、在家庭以外产生的坏情绪，发泄在孩子身上？

你有没有固执己见，不听孩子的解释，就给他"判了刑"？

你有没有把"为了你好"作理由，强迫孩子做他不喜欢的事情？

你有没有和丈夫吵架时，突然冲着孩子撒气？

……

答案一定是——有！

存在这些情况，很正常，这也表明，你是需要认真读一读这本书的人。

父母对孩子的爱并没有错，错的是表达的方式。人在面对喜欢的、在意的人时往往会紧张，会惊慌失措，而父母就是因为太过爱孩子，太过在意孩子，所以会常常会"不择方式"，会关心，会呵护，会柔声细语，会谆谆教导，但也会打骂，会羞辱，会大吼大叫，会冷漠相对……

父母以为，这所有的，不管是温和的还是暴力的，只要出发点是好的，对于孩子来说就是爱。

但，真的是这样吗？

你贬低、否定孩子时，可能想的是我不能让你太骄傲，我要让你更有斗志；你吼孩子、打孩子，可能因为恨铁不成钢，想让他变得更好；你冷落、抱怨孩子时，可能希望他能更快地意识到自己的问题，自觉改正……但是这些，孩子并不能感受到，也不会起到实质性的作用，反而会让事情越变越糟糕。

换言之，当你以暴力的方式对待孩子时，他80%的精力都用来对付你的坏脾气，还有多少气力去忙着改正错误、提升自己呢？

母爱也好，父爱也好，只有让孩子感受到和享受到的爱，才是真爱，才是真的为了孩子好！

《孩子你慢慢来》一书中这样写道：

我，坐在斜阳浅照的台阶上，望着这个眼睛清亮的小孩专心地做一件事。

是的，我愿意等上一辈子的时间，让他从从容容地把这个蝴蝶结扎好，用他5岁的手指。

孩子，慢慢来，慢慢来……

父母之爱，尤其是母亲之爱，对于孩子应当是平和温润，以"温柔和耐心"为主，以"理解和宽容"为辅，以"鼓励和称赞"为衬，再加一点"严厉和果断"。

父母应当陪着孩子慢慢长大，而不是拽着孩子快快成长，每个孩子都有自己的成长轨迹，父母要做的只是在需要的时候给他们指明方向，而不是拿着剪刀按照自己的心意随意修剪，这样的孩子是不完整的，父母也是不合格的。

《非暴力亲子关系心理学》这本书，将从感性的角度指出亲子教育中，

妈妈和孩子之间那些剪不断理还乱的容易让人忽略的带有暴力因素的问题，并从心理层面给予分析和探讨，最终给予妈妈们一些理性的建议和方法。

很少有父母不爱自己的孩子，所以才更应该学习如何去爱孩子。

我相信，只要用心，终有一天，你和孩子都能得到彼此所需。

程瑞鹏

2020.10

目 录 CONTENTS

第一章　每个哭泣的孩子，都有一个不称职的妈妈
- 给孩子的巴掌，同样也打在妈妈脸上　　2
- 孩子的坏性格，都是妈妈犯的错　　9
- 爱发脾气的妈妈和怯懦的孩子　　17
- 责骂、生气、冷落……孩子成了你的负面情绪垃圾桶　　23
- 重男轻女的妈妈：男孩永远长不大，女孩容易被人骗　　30

第二章　妈妈的爱，要会表达才不会给孩子造成伤害
- 为什么那么爱孩子，他感觉的却只有烦恼　　38
- 把"我这都是为你好"变成"你觉得这样好不好"　　46
- 仪式感很重要，给孩子买礼物而不是买东西　　53
- 给孩子承诺并遵守，孩子会觉得"妈妈真伟大"　　61

第三章　蹲下来、坐地上，让我们和孩子好好说话
- 平等沟通的技巧是假装你就是孩子　　70
- 严肃一些，孩子其实能够听懂你在说什么　　76
- 孩子有委屈，让他把"委屈"两个字说出来　　83
- 孩子发脾气，你应该觉得庆幸　　90

第四章　放开手，你并不会失去孩子
- 孩子摔倒，千万别比孩子先哭出来　　100
- 关心但别控制，孩子自己知道冷不冷　　106
- 小孩子打架转眼就和好，大人千万别掺和　　112

第五章　你心疼孩子，孩子也在心疼你

- 孩子帮你干活，推辞的结果是害了孩子　　120
- 孩子很爱你，只是他也不会表达　　126
- 和孩子吵架，孩子其实比你还内疚　　133
- 不要总是标榜辛苦，你不说孩子也知道　　140

第六章　控制自己，做一个不吼不叫的妈妈

- 别把你的焦虑，带到亲子关系当中　　148
- 焦虑、烦躁的你怎样不失控　　155
- 孩子不听话，你其实有不生气的办法　　163
- 别太恐惧，事情远没你想得那么可怕　　169

第七章　这些你没有意识到的情况，可能也在伤害孩子

- 家庭吵架，孩子会觉得一切都是我的错　　180
- 数落老公，孩子会觉得"爸爸好无能"　　188
- 过于自我，孩子会觉得"我是多余的那一个"　　195
- 不注重形象，孩子会抬不起头来　　200
- 八卦、不尊重人，孩子会变得很滑头　　208

后记　　214

第一章　每个哭泣的孩子，都有一个不称职的妈妈

 ## 给孩子的巴掌，同样也打在妈妈脸上

对于每位父母而言，孩子都是需要呵护的宝贝，而父母也会尽可能地为孩子提供自己能力范围内最好的生活条件。但是由于经验、阅历、思维等各方面的不同，孩子与父母之间会不可避免地产生各种各样的摩擦，当孩子一次次地挑战着父母的底线时，终于有一次，父母就会爆发，忍无可忍地对孩子进行体罚或者打骂。而在孩子未进入青春期之前，这种情况更容易发生在孩子与妈妈之间。

我和5岁的儿子小成之间经常"爆发战争"。

记得一天中午，我正在忙工作上的事情，小成过来说要出去玩，我就好言好语地和他商量："等妈妈忙完就带你去好吗？就五分钟，小成听话。"

谁知，我话音刚落，小成瞬间就撅起了小嘴，一屁股坐在地上，两条腿还不停地搓来搓去："我不要，我就要现在出去……"

我深吸了一口气说道："就一会儿，好吗？等妈妈忙完这一点就可以带你出去了。"

可小成依旧不依不饶："我不要，我就是不要，妈妈坏，妈妈不好……"

正在这时，孩子的奶奶来了，看到这般情景，就问小成怎么了。不问倒好，

这一问立马勾起了小成的"任性斗魂",他一边哇哇大哭,一边在地上打起滚来,嘴上还叫嚷着:"妈妈对我不好,老是凶我,还不带我出去玩!"

我一看这架势,火气"蹭"地一下就上来了,我让婆婆先别管,然后提溜着儿子进了卧室,关上了门,冲着他屁股狠狠打了两下,打完之后,儿子哭声小了,但哽咽更厉害了,一抽一抽的声音,似乎包含了很多委屈。

听到这样的哭声,我瞬间后悔起来,他才5岁啊,还这么小,我怎么能对他下这么狠的手,而且这也不是第一次了,每次都说要控制自己,但每次都是那么冲动。想到这,我轻轻地摸了摸儿子的头,把他抱起来搂进了怀里,本以为儿子会拒绝,谁知道他却紧紧搂住了我的脖子,那一刻,我心中的悔意又重了几分,发誓一定要改掉冲动打孩子的毛病。

可到底应该怎么改呢?

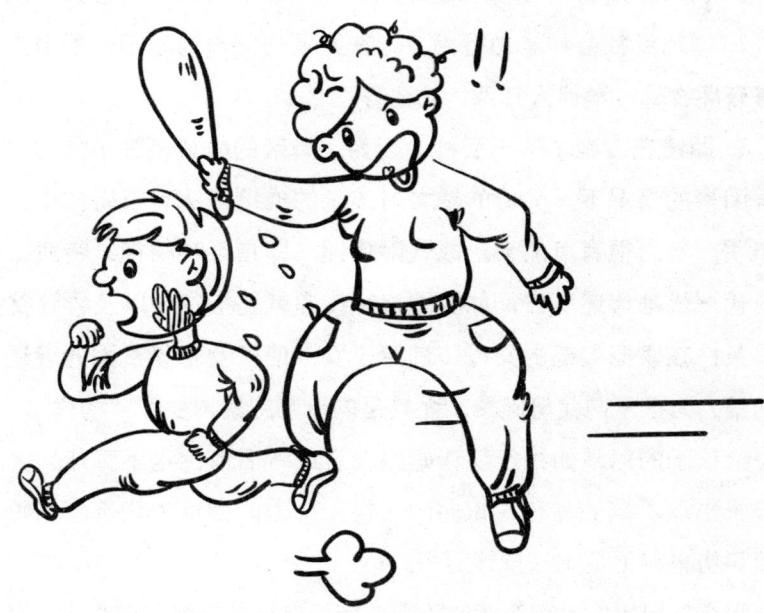

案例中小成妈妈的感受以及她所面临的难题也是很多妈妈共有的,不打能把人气死,但打了,却又是"打在孩子身,疼在妈妈心"。**很多时候,妈妈在迫不得已或者气头上打了孩子,待情绪平复后,随之而来的就是无尽的后悔和心疼**,给孩子的巴掌也同样打在妈妈的身上,并且这疼痛的感觉还要强烈上几十倍。

但是,不管在什么情景下,出于什么样的目的,"打骂"或者"体罚"对于孩子来说,都是非常不好的回忆,有时候甚至可能对孩子的性格甚至未来产生影响。

一份研究报告在对 1000 多名大学生进行调查的基础上得出这样的结论,父母对孩子的暴力(主要指肢体攻击)尽管在短时间内可以纠正其不正确的行为,但是也有可能造成不利影响,包括:

1. 在人际交往、心理方面出现障碍,如脾气暴躁、交际恐惧、抑郁等;

2. 增加反社会和暴力行为,如在家里与父母对着干,不遵守校规校纪,随意破坏物品,和他人打架、偷盗等;

3. 即使在控制了孩子反社会行为、母亲的教育、孩子性别、家里孩子数量等因素的情况下,父母的暴力对孩子的成绩依然有阻碍作用。此外,研究还表明,暴力很有可能会形成代际传递(即指某种精神、特质、条件、因素等一代一代地传递下去,如贫困代际传递就是指贫困以及导致贫困的相关因素、条件在家庭内部由父母传递给子女,使子女重复贫困的境遇。),夫妻间的暴力为孩子向父母施暴,尤其是向母亲施暴树立了"榜样"。

给孩子的巴掌如果仅仅让妈妈自责或者后悔倒也不算什么大事,但若以让孩子出现不端的品行、扭曲的人格、暴力的性格为代价,妈妈将来承受的痛苦和伤害将更是无法预计的。

那么,妈妈们究竟怎么做才能控制好自己的情绪,做到不随意打骂和体罚

孩子，以及在肢体攻击已经发生的情况下，如何减轻其对孩子造成的影响呢？

我们要做到不将因工作或者生活其他方面产生的不良情绪带到亲子教育和相处中来，当你极度烦闷不快时，不要靠近孩子，不要和孩子交流，必要的情况下，可以让家庭中的其他长辈带孩子远离你的视线。当孩子任性调皮不听话时，不妨用拥抱代替打骂。

不知道从什么时候开始，6岁的桃子多了一个非常不好的毛病，经常无缘无故地打人。一天，桃子的小姨来看她，两人在沙发上玩得不亦乐乎，突然桃子站起来往小姨的胳膊上打了一拳。小姨以为桃子在跟他玩，就说道："桃子打了小姨，小姨也要打桃子。"说完，轻轻地在桃子手上拍了一下，这一下却"激怒"了桃子，桃子爬到小姨身上又是抓又是咬。

吃过晚饭，我让桃子乖乖坐好，然后很严肃地告诉她："你打人是不对的，妈妈不喜欢你这样。"结果，桃子一边委屈地噘着嘴，马上要哭的样子，一边竟然冲着我挥拳头。此后，我发现，我越是呵斥她，她越是爱打人。

直到有一次，桃子在打我后我轻轻地抓住了她的小胳膊，然后把她揽在怀里安慰她。桃子突然大哭起来，但慢慢地又安静了下来，那一段时间我一直坚持这么做，后来桃子就很少再打人了。

当孩子一次次挑战你的底线，让你忍不住发火打他时，使用"注意力转移法"，在心里默数三个数，或者转身出去、关上房门，拉开与孩子的物理距离。当然，待你心情平复后，孩子的教育和自身的反省都要及时进行。

当然，情绪是很难控制的，一些时候，妈妈们即使有意识地去压下心中的火气，但还是会被坏情绪打败，忍不住出手打了孩子。如果你出手打了孩子，无论孩子多小，也不要认为他不会记住你的行为，他所记忆和感受的要比你

想象的深刻得多。

　　我一直以"讲道理的妈妈"自居，自诩从没有打过孩子，一天晚上我跟儿子聊到了这个话题。
　　儿子有些委屈地说道："妈妈，你打过我，你不记得了？"
　　我："不可能啊，我一直都很讲道理的。"
　　儿子："真的，就在我四岁的时候。"
　　我："四岁？你那么小，怎么可能有印象？"
　　儿子："我记得很清楚，当时我没有听你的话，你很生气地在我屁股上打了一下，然后我就哭了。"

我:"那妈妈现在跟你道歉,你能原谅我吗?"

儿子笑嘻嘻地点了点头。

可见,孩子对"打"是非常敏感的,所以当这种行为已经发生时,如何安抚孩子就成了重中之重。

第一,一定要向孩子解释你打他的原因,让他明白你不是无缘无故地把他当成出气筒,如果孩子不明缘由,只知道妈妈很生气,所以打我了,他就可能形成"只要我不高兴,就可以打别人"的思维模式。

第二,要懂得示弱,把孩子当成你的依靠,向他展现你的脆弱和无助,不要认为孩子小,什么都不懂,很多孩子在年龄极小的时候都会有"保护妈妈"的想法。当妈妈以弱者的姿态和孩子进行交流时,孩子会把自己摆在"小大人"的位置,认为自己要比妈妈更坚强,进而也会更容易释怀。

孩子确实在很多时候会激起父母的愤怒:他顶嘴时,他发脾气时,他胡搅蛮缠时,他淘气任性时。他让你有千百种的理由打骂他,但是,如果你能站在他的角度,就会发现,他发脾气,是因为他也无法控制自己的情绪;他不讲道理,是因为在他的认知里并没有"道理的标杆";他会大哭大闹,是因为他觉得没有人理解自己……他所控制不住的、认知不到的、受困的,正是需要妈妈帮助他控制的、认知的、解困的。

如果妈妈选择的是"暴力"的方式,孩子不仅得不到帮助,还会受到伤害,并且在这样的场景中,"暴力"的方式具有上瘾性,换言之,如果妈妈第一次使用了暴力去教孩子道理,此后再遇到类似的状况,她所想到的最佳解决方式就是打和骂。

不过,妈妈们也别把"打骂和体罚孩子"这种行为妖魔化,实际上,"棍棒教育"并没有过时,而是在与时俱进。在一些特殊情况下,"棍棒教育"

仍旧是可靠的方式。

比如，此前网络上出现的"孩子高空扔花盆，差点砸伤人""小外甥故意推怀孕的阿姨，让对方险流产"等事件，家长们的做法无一例外都是"暴打一顿"，好让孩子深刻地记住教训。

当然，在打之外，更重要的是让孩子明白他为什么会挨打，为什么需要动用打来针对他？以后在什么样的情况下会再次挨打？**我们反对的是没有规则的、盲目的、以成年人泄愤为目的的打，而不是正向的、积极的、有价值、有意义的打。**

教育家唐·艾里姆说，掌握好责骂与训斥的方法与技巧，才能达到教育的目的与效果。不当的责罚，不知不觉中会伤害孩子。

总之，孩子不能轻易打，但也不是不能打，打的时候一定要遵循"罚必有法，罚不可辱，法必周知，法必有理"的原则。

第一章 每个哭泣的孩子，都有一个不称职的妈妈

 孩子的坏性格，都是妈妈犯的错

著名文化学者余秋雨曾经说："我知道自己一生最大的勇敢都是来自母亲。"

6岁那年的一个夜晚，母亲去表外公家回来得晚，我就瞒着祖母翻过两座山岭去接她。她在山路上见到我时，没有责怪，也不惊讶，只是用温热的手牵着我，再翻过那两座山岭回家。十几年前我因贴地历险数万公里考察了密布着恐怖主义危险的人类古文明遗迹，被国际媒体誉为"当今世界最勇敢的人文教授"，追根溯源，还是妈妈的影响，那每一步，仍是由妈妈当年温热的手牵着。

诺贝尔文学奖获得者莫言在回忆母亲时，这样写道："她使我获得了一种安全感和对于未来的希望。"

母亲没有读过书，不认识文字，她一生中遭受的苦难，真是难以尽述。生活留给我最初的记忆是母亲坐在一棵白花盛开的梨树下，用一根紫红色的洗衣棒槌，在一块白色的石头上捶打野菜的情景。绿色的汁液流到地上，溅到母亲的胸前，空气中弥漫着野菜汁液苦涩的气味……这个记忆的画面更让

我难忘的是，愁容满面的母亲，在辛苦地劳作时，嘴里竟然哼着一支小曲！

不仅是余秋雨、莫言，很多名人、伟大的人在描述自己的母亲时，总是不乏这几个字眼：温柔、坚强、勇敢、善解人意、有胆识、有主见……也正是这样的母亲，才使得孩子从她身上获得了正向的积极的影响，养成了良好的性格，进而更有可能成为出色的人。

心理学家称，家是制造人类性格的工厂，孩子将来成为什么样的人，形成怎样的性格，与父母及其营造的家庭教育环境密切相关。曾为我国文化教育事业做出过突出贡献的宋庆龄女士说道："孩子的性格和才能，归根结底是受到家庭、父母的影响，特别是母亲的影响最深。孩子在长大成人后，学校对他们的发展起到了作用，社会成了锻炼他们的环境，但是在一个人身上留下不可磨灭印记的却仍是家庭，尤其是母亲。"

家庭社会学、心理学、教育学等领域在亲子教育的研究中也都认为，相对于父亲，母亲在子女性格形成方面具有更为明显的优势，在孩子未成年，尤其是儿童时期，母亲的影响至关重要。

为什么这么说呢？

首先，从生理上来看，母亲十月怀胎，从孩子生命的开始就和他建立了亲密的不可分割的联系，在孩子出生后的最初一段时间，母亲又贴心哺乳孩子，一般情况下，母亲承担了孩子孕育者和喂养者的双重角色，这一特殊角色使得孩子对母亲产生了天然的信赖与亲近感，且常常会不经意间模仿母亲的行为。

其次，从心理和情感上来看，正是因为特殊角色的优势，母亲与孩子之间更容易产生更深入和紧密的联系，从而使得母亲更容易洞察孩子的心理，了解孩子的感受，进而使得孩子对母亲产生更加特殊的情感。**研究表明，婴**

儿在与母亲互动的过程中，逐渐意识到母亲能够满足自己的各种需求，因而对她产生信赖，并与之建立了最初的人际关系。

在这样的前提下，妈妈的所作所为在孩子心中有着举足轻重的影响，不管是好的还是坏的，都会潜移默化中影响着孩子性格的形成，甚至可以说，孩子的性格即是母亲性格及行为的投影。

知乎一位网友无奈道："非常不喜欢母亲的性格和脾气，一直在试图逃避她，逃离她的掌控，但是在逃避的过程中，发现自己潜移默化地在慢慢变成她。"

母亲的为人影响孩子处理人、事、物的方式和姿态，也影响孩子的学业与身心，并随着孩子的成长，影响着他人生的各个重要的节点直至一生。

说到这，我们不禁会想，如果，妈妈都能像名人笔下的母亲那样，拥有诸多美好的性格特征和品质，那么是不是意味着孩子将会更多地受到正面积极的影响，成为一个即使不出类拔萃，也最起码品行纯良、三观端正的人呢？

然而现实中，在不少孩子的口中，在不少孩子的身上，似乎他们从妈妈身上获得的影响往往是以负面的、消极的为主。

从母亲的劣势性格中，孩子获得的是消极影响——母亲暴怒无常，孩子脾气也越来越差；母亲胆小怕事，孩子懦弱不果断；母亲爱贪小便宜，孩子自卑又虚荣……

从母亲的优势性格中，孩子获得的仍是消极影响——母亲雷厉风行，孩子却慢慢吞吞；母亲坚决果断，孩子却患得患失；母亲呼风唤雨，孩子却胆小怕事；母亲争强好胜，孩子却不求上进……

对此，很多妈妈十分不理解——我身上也有很多好的地方啊，孩子怎么都不学？我这么勤快，孩子怎么就那么懒呢？我这么勇敢，孩子怎么就那么胆小呢？难道孩子不是会传承、模仿着爸妈的优点去成长吗？

教育专家指出：父母身上不良的品行，诸如懒散、粗鲁、急躁、狭隘、势力、缺乏善心以及不良的生活方式等等，往往更容易被继承，因为"坏品质"总是更有活力和传染性，而所有的优良品格则需要加倍的心力才能培植，同时它们对父母的要求也更高。

实际上，我们可以把妈妈分为三大类：一类是本身优势的性格特征很少，劣势的性格占据了上风；一类是本身具备很多优势性格特征，但不懂得如何教育孩子；还有就是既具备良好的性格，又懂得如何教育孩子。

那些名人称颂的母亲基本上都是第三类，她们并不是十全十美，也有缺点和弱势，但她们却懂得如何运用性格优势为孩子带去积极的影响。

第一种妈妈，通常是自私、懒惰、易怒、乖张、贪婪……很多恶劣品行的结合体，且很大程度上是没有育儿意识的，其孩子如果长期与她生活在一起，必定会受到不良影响。

而大多数妈妈都是第二种，不乏良好的品格特征，却使用不恰当的教育方式，养出了具备坏性格的孩子。换言之，孩子的坏性格，都是妈妈不当教育的错。

李玫瑾教授曾说过："孩子的很多问题是大人造就的，家长的问题若不调整，孩子的问题也调整不了。"

在这里，我们整理了一份"母亲——子女互动模式"表格。

序号	母亲态度/行为	类型划分	子女性格
1	不关心、不在意	冷漠型	易冷漠、孤僻、缺乏安全感

续表

序号	母亲态度/行为	类型划分	子女性格
2	严厉、好胜、容不得半点差错	严酷型	外表要强、内心脆弱,对自己要求严格
3	因为其他事情而把孩子排在后面	忽略型	易形成讨好型人格,害怕被抛弃
4	专制、强势、唯我独尊	支配型	依赖、懦弱、逆反
5	纠结、犹豫、多变	矛盾型	故意做出夸张行为来吸引注意,善变
6	脾气烈、声音大、火气盛、爱骂人	暴躁型	暴力、不善社交、处理事情简单粗暴
7	重复念叨同一件事情、喜欢给孩子灌输自认为正确的道理	唠叨型	容易产生逆反心理,性情阴晴不定
8	开放、随和、平等	民主型	有主见、有决断
9	理解、信任、懂得换位思考	朋友型	温和、善解人意、开朗
10	无条件顺从、宠爱	溺爱型	刁蛮任性、自大、脆弱、以自我为中心
11	总是打击、否定孩子	否定型	两个极端,要么自卑胆怯,要么不顾一切、坚强

当然,通常妈妈们对孩子的行为态度并不会局限在一个类型中,往往是几种类型的混合体,相对应的,孩子也会具备各种各样的性格特征。如我们前面提到的那样,大多数妈妈都有属于自己的优点,有的妈妈雷厉风行、有的妈妈细心温柔、有的妈妈聪明能干……但由于妈妈对孩子不恰当的态度和行为,孩子并不能从她们身上学到这些优点,那么,如何才能使孩子的性格习惯,不受母亲性格劣势的影响并承袭母亲的优势呢?

简单来讲,一句话即可概括:在孩子面前,妈妈既要收敛自己的锋芒,又要适时展现自我。

一位朋友来找我诉苦,说他妻子和儿子让他很头疼。

在我的印象中,这位朋友一直是周围人羡慕的对象,他和妻子都是名牌

大学的高才生，工作体面，前几年小两口又升级成了三口之家，如今儿子也要上小学了，生活幸福美满。

所以，我并不相信，还一度调侃他。直到有一天，他邀请我去家里做客，我目睹了他的妻子和儿子相处的情景：

"你怎么这么笨啊，我这么高的智商怎么就生出了你这么个笨儿子？"

"这道题这么简单你都不会，你是不是找打？"

"说了多少次了，这个应该怎么做，你怎么不长记性呢？"

我很难想象这些话是出自一个名校高才生之口，在这样一个盛气凌人的妈妈的说教下，小男孩想哭又不敢哭的样子让我这个外人看了都有几分心疼。

"我妻子总觉得我们俩的孩子应该与众不同，是个智商情商双高的人，所以她受不了他的普通甚至平庸。"朋友无奈道。

我可以理解一个妈妈恨铁不成钢的心情,但一个过于有棱角的母亲,对孩子自尊、自信的伤害远大于其希望通过标榜自身优势对孩子产生的激励。教育孩子不是雕刻艺术品,也不是谈判生意,妈妈不需要用挑剔、批评的眼光。

胡适曾在《我的母亲》一文中写道:"我母亲的气量大,性子好,待人最仁慈、最温和,从来不说一句伤人情感的话。"

其实,好妈妈的标准或者说孩子所希望的妈妈很简单,但很多母亲却被自身对孩子抱有的强烈期待所支配,企图用自己最锋利的一角来打磨孩子,反而把自己优势转换成了孩子身上的劣势。

有的时候,请尝试做一个"无知软弱"的妈妈,收敛起自己的锋芒。

当孩子问你问题的时候,比如"妈妈这个字怎么读""这件事情怎么做",别说他笨,也别急着告诉他答案,可以说"这个妈妈也不太懂,不如我们一起查字典试试吧"。

当孩子因为考试、比赛、第一次尝试一件事情而紧张害怕时,不要说"那没什么可怕的,要相信自己",而要说"放开去做,不管你做得怎么样,爸爸妈妈像你这么大的时候还不如你呢",认同并接纳孩子的感受,用"反面榜样"打消孩子的顾虑。

有的时候,你也应该试着沉默,一句走心的话胜得过千万句的唠叨。

"爱唠叨"是母亲的共性,在妈妈们看来,一句话好像在重复几遍后就有了让孩子听从的魔力。实际上,唠叨只会增加孩子的逆反心理,想要说服孩子,不妨用心想几句简短而又能击中孩子内心的话,"简短语言+间歇式沉默"远大于唠叨不停的效果。

温和之外,你也要有属于自己的个性,让孩子知道他的妈妈是与众不同的,是令人敬佩的。

妈妈如果一味地"软"和"慈",就不能够展现出自己的闪光点,孩子

也就无法受到积极影响,所以必要的时候,妈妈也要表现一下自己。

在不乐观的处境中,成为孩子的主心骨。尤其在家庭处境艰难或者孩子遭遇失败挫折时,妈妈要表现得冷静坚强和永不放弃,千万不要自己先崩溃,先抱怨,这时候妈妈的所作所为将会给孩子带来很深的影响,有可能成为贯穿他一生的记忆。

做到"软中有硬",既是慈母,也是严师。胡适的母亲就是这样的形象,她对待朋友对待家人,总是十分和善,但这并不代表她是一个迁就别人、宠溺孩子的人,相反她对胡适管束很严。她在教育孩子上深谙"恩威并施"的道理,她将母亲的柔情尽可能地给予儿子,同时在孩子犯错的时候,她也毫不留情。

总的来说,你是否是一位合格的妈妈,不关乎身份地位,也不关乎学识学历,而是在于你是否将自身最美好的那一面传递到孩子的身上。

 爱发脾气的妈妈和怯懦的孩子

有句话说,养鱼重在养水,养树重在养根,而养人重在养心。好的亲子教育,也就是滋润孩子内心的过程,滋养的原料即是父母所营造的环境。

对于亲子教育,有的时候家长们并不是缺少方法,而是欠缺状态,有的家长太理性,功利心太强,缺乏感情的展现;而有的家长过于情绪化,不能够客观冷静地看待问题,这两种状态都是不恰当的。而在过于情绪化的家长中,爱发脾气的妈妈给孩子带来的负面影响,尤其深远。

"妈妈把我养大,我很感谢她,但我并一点也不爱她,因为她伤透了我的心。"小靓冷冷地说道。

小靓跟我是从小到大的朋友,小时候我常到她家里去玩,但每次一听到她妈妈回来,我就会火速逃离,因为她的妈妈实在是太爱发脾气了,一言不合就大发雷霆,稍有不顺心就"河东狮吼",狰狞的面容就像来自地狱的使者。伴随着火暴脾气出现的还有不堪入耳的辱骂和威胁:"你这个废物""衣服弄得这么脏,你是猪吗""你再这样我就把你卖了,不要你了"……

在这样的环境中,小靓变得越发阴郁,远离妈妈的念头也越来越强烈。后来,考上大学的小靓如愿以偿去了离家乡很远的城市,但生活却并不如她

想象得那般美好。

她敏感又自卑,总是觉得自己一无是处,她很容易情绪激动,有时候因为一点小事就伤心气愤得不行,她也很容易焦虑,经常把事情往最坏的方面去想,莫名其妙地不高兴。她每天都活在压抑痛苦中,她觉得这一切都是母亲的坏脾气造成的。

小靓说:"似乎有好几个人住在我的身体里,在我朋友面前乐观开朗,像是心理还算正常的人;在不熟的人面前,我高冷孤僻,虚伪懦弱,生人勿近;一个人的时候,常常胡思乱想,情绪起伏不定,像个疯子一般。"

可悲的是,我们的世界里,我们的周围生活着很多"小靓",他们或许表面看起来坚强乐观、光鲜亮丽,但内心早已千疮百孔、不堪一击,又或许他们看起来就是那么扭扭捏捏,因为他们的心里有太多的胆怯和顾虑。

在衣食住行的重压下,很多家长本身情绪就不是很稳定,这时候,孩子的犯错、不听话就能轻易勾起家长的怒火,也有的家长天生就是暴脾气,动不动就爱吹胡子瞪眼。不论什么样的原因,现实中父母冲孩子发脾气是很常见的事情,但常见并不意味着合理。我们常说,父母的教育重在言传身教,在同孩子相处的过程中,父母的眼神、语气、态度、音量等都会向孩子传达自己的情绪,从而影响孩子的感受,进而影响其身心发展。

法国著名人道主义作家罗曼·罗兰曾说:"面部的表情是多少世纪培养成功的语言,是比讲出来的话复杂到千百倍的语言。"

父母在生气时,不论是震耳的嗓音,还是狰狞的表情、犀利的言辞,都会让孩子产生一种强烈的压迫感,若长期生活在这样的氛围下,孩子性格中消极的因子就会被不停地放大。有研究者提出父母情绪与亲子交流效果的公式为:亲子交流的总效果 = 父母 7% 的语言 +38% 音调 +55% 的面部表情,父

第一章 每个哭泣的孩子，都有一个不称职的妈妈

母经常生气会导致亲子关系出现裂痕，孩子从心底厌恶和害怕父母，产生逃离家庭的愿望。

心理学研究证明，父母情绪特质营造出来的家庭心理环境，对孩子的影响结果一般为两种：

第一种，孩子成为家长的翻版。在父母情绪特质渲染的家庭心理环境中，孩子会复刻家长的性情，即你在孩子心灵的沃土上播种了什么，孩子就会让你收获什么，想让孩子成为什么样，你自己就要先成为什么样。

第二种，孩子完全与家长个性相反。除了后天影响，孩子的个性也与其天性密切相关，而有的孩子会较多地利用先天气质塑造个性，这种情况下，父母的情绪会使其先天气质得到无限制的加强。比如，在家长脾气粗暴、教育专制的影响下，一个胆汁质的孩子很大概率上就会变得更加暴怒无常，而

一个抑郁质的孩子可能就会越发自卑怯懦。也就是说，爱发脾气的家长教育出来的孩子不是暴脾气就是怯懦仔。

不过，在现实中，我们常见到的搭配一般是脾气暴躁的家长和唯唯诺诺的孩子，这是为什么呢？

原因其实很简单，其一是在爱和道德的束缚下，孩子即使想过反抗父母的粗暴，但也选择了忍耐下去。换言之，孩子认为父母对自己有生养之恩，当父母对自己发脾气时，他们虽然有想过抗争，但最终在亲情孝义的谴责下去选择压抑自己的情绪，忍受父母。其二是体力的悬殊。在孩子身体尚未发育成熟的情况下，父母在力量上完胜孩子，这时候孩子如果反抗，就可能招致更严重的打骂，所以孩子为了避免使自己再度受到伤害，就会一再忍耐。在这两种因素作用下，孩子就会从选择性忍受压迫逐渐变成习惯性忍受压迫，如此下去，怯懦的性格就会成型。

此外，还有很多孩子是窝里横，在外人面前寡言怯懦，在家里却是张牙舞爪，而这种性格却更为可怕。

我们经常将胆小和怯懦放在一起或者混为一谈，实际上这两个词语有着本质的区别。胆小可能是天生的，而怯懦必定是不合理的教育导致的，胆小的人只是害怕面对问题，而怯懦的人总是逃避问题，胆小只是在人面对让他产生恐惧的某件事情或某个人时的一种表现，**而怯懦却是一种持续的长期的心理状态，往往还会伴随着自卑心理、讨好型人格、偏执型人格、缺乏安全感，甚至抑郁、躁郁等。**

可以说，怯懦的性格对孩子百害而无一利，而暴躁易怒的父母们要想让孩子远离这种性格，就必须控制好自己的情绪。

其实很多家长也不想总是对孩子发脾气，但情绪有时如洪水猛兽，在气头上时就是控制不住自己，事后又后悔得捶胸顿足，而到了下一次还是再犯

第一章 每个哭泣的孩子，都有一个不称职的妈妈

不误，面对孩子到底如何使自己的情绪不失控，也是家长们最头疼的问题之一。

首先明确一点，生气并不等同于发脾气。生气是一种情绪，每个人都会生气，这是不可避免的，而发脾气则是将生气的情绪释放出来，这也是有必要的，但要注意方式，注意场合。

面对孩子时，处于情绪大爆炸间隙的父母们应该怎么做呢？

第一步：切断"火源"。

当意识到自己快要爆发时，给自己和孩子一个信号"我要发火了"，然后自己或让孩子迅速逃离现场。比如一个妈妈分享了"快跑法"：

我自认为脾气没那么暴躁，但是耐不住孩子的"挑衅"，有一种感觉，不管一个性情多么温和的人，面对孩子这种生物时，总有千万个瞬间要爆发。不过，我也知道对孩子发火没有好处，所以我就总结出了一个妙招。

当火气想要冲出来的一瞬间，我就会大声对孩子喊道："快跑，躲起来，不然我要打人了。"孩子们一听到信号，就会迅速躲到房间里或者让爸爸带他们出去，留下我自己一个人。当然，有的时候，"快跑"的是我，我察觉自己快绷不住的时候，就马上推门而出。

这方法还是挺有实用性的，一般"快跑"后，我很快就能冷静下来。

第二步：找到合理的宣泄渠道。

切断火源也就意味着切断了伤害孩子的渠道，但是坏情绪仍旧留在了妈妈体内没有发泄出来，不良情绪一直淤积在体内对人身体和心理都会有不好的影响，这种影响可能还会反噬到孩子身上，所以下一步就是找到合理的宣泄渠道。宣泄的渠道因人而异，没有标准，只有适合与否，比如对毛绒玩具一顿乱捶，到室外喊一嗓子，快走几分钟等都是不错的选择，在这里着重介

绍一种非常简单的方法——肌肉放松法。

不良情绪迸发时,肌肉也会紧张起来,若肌肉放松下来,情绪反应就能被有效降低。肌肉放松法又叫神经肌肉渐进式放松,即通过充分紧绷肌肉再达到充分放松的效果,交叉体会紧张和放松,最终达到放松的目的。具体操作时一般从手开始,握紧拳头,达到握得不能再紧的程度后慢慢舒缓手掌,体会放松的感觉,也可以将眼睛、手臂、肩、脖子、脚作为发力点。

妈妈们如果没有忍住发了脾气,主动缓和与孩子之间的关系也能减少给孩子带来的伤害,最好的方法就是邀请孩子参与亲子活动。

首先,道歉和解释是必不可少的,接下来就是以孩子的喜好为切入点邀请他跟你一起做某件事情,比如一起看故事书、一起堆积木、一起玩游戏等。如果开始时孩子情绪比较激动,也可以直接切入他的喜好用以安抚其情绪。然后,在一起游戏的过程中给孩子道歉和解释。

平和的情绪,是对孩子最好的家庭教育,希望每个妈妈都能用最温柔美好的一面去滋润和温暖自己的孩子。教育家陶行知说:"父母给予孩子正确的思维阵地,就等于给了他面对世界的依仗。"只有当父母情绪平和,给予孩子足够的宽容和耐心时,孩子才有足够的信心和勇气去面对未来的生活。

责骂、生气、冷落……孩子成了你的负面情绪垃圾桶

公交车前排的座位上,有一位妈妈正在发微信,她的旁边是正在安静看书的儿子。

不一会,车到了一个站点,车厢里一拥而上一群乘客,其中有老人也有孕妇。男孩见状,起身将座位让给了身边的一位老奶奶,然后拽了拽妈妈的胳膊,让她帮自己拿着书包。

谁知,这位妈妈开口却道:"你是不是傻,这么多人都不让座,就你有爱心?活该自己背书包。"男孩觉得妈妈说的不对,试图为自己辩解,但妈妈不由分说,冲着他屁股就是一巴掌:"又顶嘴,你非得把妈妈气死才行是不是?"男孩十分委屈,泪水一直在眼里打转,那位妈妈仍旧在神色凝重地发信息。

片刻后,女子把手机关闭,露出了失望的神情,随即目光扫到儿子,又开始嚷嚷道:"你只知道给奶奶让座,可你妈我被裁员了,谁会给我一份工作,我还怎么供你上学?"说完,手扶着额头痛苦地靠在了窗边。

失业的痛苦、生活的重压让这位妈妈的情绪瞬间崩溃,转而将负面情绪一股脑地撒在了最亲密的儿子身上。这位妈妈的处境着实让人同情,但即便

如此,把孩子当成出气筒也是万万不应该的。

然而,现实生活中,这样的妈妈却数不胜数。将自己在工作、人际交往上、婚姻上的不如意转换成坏情绪,然后以孩子的某种行为为契机,畅快地释放出去,是妈妈们常用的调节情绪、发泄不满的方法之一。或许,事后妈妈们也会后悔,但给孩子带来的伤害却是不可逆转的。

心理学领域有一个非常著名的实验,叫作静止脸实验,是美国哈佛大学儿童心理学家 Edward Tronick 教授做的著名研究,接受实验的是一位年轻的妈妈和她仅 1 岁的宝宝。

实验之初,这位妈妈在和孩子积极互动,面对妈妈的笑脸,孩子非常开心。

突然间,妈妈变得面无表情,孩子诧异之后,开始试图用各种动作、表情逗妈妈"开心",在妈妈不为所动后,孩子崩溃大哭。

爱德华教授说:"即使很小的孩子,对表情、反馈以及他周围的世界都是特别敏感的。"

尤其是在面对亲近的人时,孩子对情绪变化的捕捉是非常敏锐的,通常情况下,孩子都会通过对父母情绪的感受和解读来判断自己是否被爱。

早期认知发展专家 Arlene Walker-Andrews 也做过类似的实验,他发现,婴幼儿尤其对妈妈负面情绪的表情反应比其他情绪表情更强烈,但无论哪个婴儿,对妈妈高兴的情绪表情都存在偏好。

经常在孩子面前不高兴的妈妈,即使没有大喊大叫,她们的情绪和表情,也会让孩子感觉到巨大的压力。这样的妈妈,对于亲子关系的建设是消极的,难以成为孩子情感寄托的对象,因而亲子关系是分离的,缺乏信任的纽带。

若妈妈总是将自己的负面情绪展现给孩子或者发泄在孩子身上,久而久之,孩子就会出现以下情况:

其一,变得消极悲观,难以拥有幸福感。因为妈妈不开心,所以他们也不敢独自快乐,渐渐地,他们就会被母亲的情绪同化或者因为越来越强烈的"罪恶感"而放弃快乐。

心理咨询师赖佩霞在《幸福为什么那么难》的演讲中问过这样一个问题:"当你的母亲一辈子生活在哀伤痛苦当中,你敢快乐吗?"

很难!这就像一个小偷家族出了一名警察,那么警察就像叛徒一样,这时候快乐就是一种背叛,我们无法承受这样的罪恶感,就只能赔尽自己的幸福。

这些孩子遇事也会习惯于往最坏的方面想,很容易陷进思维死胡同出不来,也会像母亲一样把抱怨、委屈挂在嘴边,而不是去行动、去争取。

其二,认为自己不值得被爱,极度缺乏安全感。具备这个问题的孩子,

除了容易自卑、胆怯外，往往情商较低，不能够很好地与人相处，甚至会患上社交恐惧症，排斥扩大自己的社交圈。

美国精神分析学家 David M. Levy 通过实验发现，年幼的孩子如果没能在他们生命的头几年跟妈妈建立亲密关系，未来可能将无法拥有良好的人际关系。这些孩子往往内心冷漠，不相信亲密的情感却又对亲密的情感存在强烈的渴望，那是因为他们从小在妈妈身上得不到情感的"浇灌"，患上了"原始情感饥渴症"。

这样的孩子很难拥有亲密关系，而当他们拥有了亲密关系时，内心深处又会十分矛盾，不能摆正自己的姿态，进而给朋友、伴侣以及自己带来更深的伤害。

一个在未成年时长期遭受母亲冷暴力的女士在对于父母冷暴力对孩子会产生什么样的影响这一问题中给出了这样的回答：

记忆里，我的妈妈是个冷战高手，同时也是个"变脸高手""动手达人"。

她冷起来的时候可以完全忽略你的存在，仿佛你就是透明的；她可以上一秒对你脸黑如墨，下一秒对别人笑脸相迎；她也可以瞬间抄起一个啤酒瓶砸到你的脑门上。

宠你的时候能宠上天，冷你的时候你就是多余的，而且不管是宠还是冷，你能感受到她都不是对你真心实意地关心。

这样导致的结果就是，我成了一个极其复杂的矛盾体——极度自卑混合着自傲；自我封闭自我孤立的同时又无比渴望归属感；敏感多疑，随时看人脸色，过度解读他人的情绪；极难建立亲密关系，无论是爱情还是友情；有暴力倾向、自虐倾向和抑郁症。

第一章 每个哭泣的孩子，都有一个不称职的妈妈

母亲是孩子情感依赖的主要角色，孩子的情绪问题大多都是源于母亲。

若母亲经常对着孩子抱怨、吐苦水，就会导致孩子对未来的生活失去期待和信心，包括婚姻、工作；若母亲情绪不稳定，对孩子忽冷忽热，就会加重孩子的戒备心，使其很难对他人产生信任感，难以建立亲密关系；若母亲经常板着脸，对孩子爱搭不理，会让孩子内心变得敏感，常常会为了迎合别人而忽略自己的感受，进而不断内耗。

妈妈的坏情绪显现在自己的脸上，却刻在了孩子的心里，且会影响孩子的未来。

最近，阿炎工作特别忙。

一天，阿炎将没做完的工作带回了家里。晚饭过后，阿炎就和儿子开始各自忙自己的"作业"。

儿子作业不多，写完后缠着妈妈给自己讲故事。阿炎告诉儿子，自己还有很多事情没有忙完，让他自己先玩。孩子自己玩了一会儿后，发现妈妈还在忙，于是又过来缠着妈妈。如此几番后，孩子有些不耐烦了，跺着脚哭嚷道："妈妈，我不要你忙，我要你陪我玩，就要你陪我玩。"阿炎心里本来就很着急，经儿子这么一闹，更加烦躁起来。

"别哭了，你就不能体谅体谅妈妈吗？"阿炎怒吼一声。

可儿子哭声未减反增，越来越响亮。

被哭声搅扰得越发烦躁的阿炎，开始扯自己的头发，然后对着孩子，一下一下猛打自己的头，自言自语道："你别逼我了行吗？求求你了。"

孩子大概是被这样的场面吓到了，瞬间停止了哭喊，走到妈妈身边，哽咽地说道："我不要妈妈陪我玩了，妈妈别打自己。"

过了一会儿，阿炎冷静了下来，她起身到卫生间冲了把脸。看着镜子里

像一头狮子一样的自己，她觉得非常不可思议："自己怎么会突然发疯似地打自己呢？"这样想着，阿炎突然想到了小时候，母亲在她面前发脾气的样子，母亲也是那样狠狠地抓着自己的头发，一下又一下地打着自己的头……

以前，阿炎最讨厌母亲这样，而现在，她居然在无形中变成了母亲这样。

阿炎之所以会在烦躁、生气的情况下做出这样失控的行为，主要就是受到母亲的影响。年幼的孩子在某个场景中，目睹了母亲表达负面情绪的一系列行为，在今后的生活中，她若遇到相似的情景，也会下意识地去模仿母亲的做法。

正如《与狼共奔的女人》一书中所写："对大多数的成年人而言，即使**一生只跟母亲发生过一次问题，心中也会存在一个说话、行为和反应跟童年时期一模一样的'母亲复本'。**"

心理学家鲍迈斯特说："在日常生活中，坏事总比好事更有影响力，而且影响力会更持久。"妈妈对着孩子发泄负面情绪，对孩子来说肯定是非常糟糕的体验，如果这种体验再重复叠加，带给孩子的影响必定也会更为深远。

实际上，妈妈的情绪不单单会影响孩子，更是整个家庭气氛的风向标，决定着一个家庭的氛围和温度。

台湾大学心理学教授洪兰说："母亲是一个家庭的灵魂，母亲焦虑全家焦虑，母亲快乐全家快乐。"当我们走进一个压抑沉闷的家庭时，必定能邂逅一位紧皱着眉头、满脸不高兴的妈妈，这也是很多家庭和妈妈的常态。

不久前，我的一个同学从家里搬了出来，她家很大，并不缺地方住，但她宁愿在外面租房子。

"我只要回家一看到我妈那张脸，瞬间什么好心情都没了，只觉得人生

如此艰难。"她苦笑着说道。

　　我很理解她，作为一个在拥有"负能量妈妈"家庭长大的孩子，我深切地知道，妈妈的负面情绪意味着什么——她一不高兴，全家乌云笼罩，气氛压抑到极点，一度让人崩溃。

　　一个充满负能量的人，不论是对自己还是对别人，都是一种折磨，而一个负能量爆棚的妈妈，无疑是整个家庭的灾难。
　　总是笼罩在阴郁气氛中的家庭，是缺乏生气与活力的，在这样的家庭中生活的人也往往是压抑的、消沉的、缺少精神气儿的，成员之间是冷漠的甚至互有敌意的，这样的家庭从表面看是完整的，但内部早已支离破碎。
　　孩子从这样的家庭中无法获得所需要的温暖，感受到的反而都是烦恼和痛苦，因此就会产生逃离的想法。
　　谁都有生气的时候，也会有难过的时候，产生负面情绪是不可避免的，但是发泄的渠道却是可以选择的。妈妈们都应该通过合理的方式宣泄情绪，而不是让孩子充当情绪的垃圾桶。

重男轻女的妈妈：男孩永远长不大，女孩容易被人骗

重男轻女思想在中国封建社会时期广泛传延，时至今日，这种思想仍旧存在于部分家庭中。

在一般的重男轻女的家庭中，父母对待儿女往往呈现出这样的特点：

在物质上，想尽办法亏待和压榨女儿，尽最大能力满足儿子；在精神上，忽略女儿的情感诉求，甚至羞辱和折磨，对儿子大多时候却是宽容和支持。

"弟弟还在长身体，好吃的当然都要给他。""女孩读书有什么用，最后还不是一样要嫁人。""嫁出去的女儿，泼出去的水，我以后还是得靠儿子。"……

第一章 每个哭泣的孩子，都有一个不称职的妈妈

在父母这些说法、做法的影响下，被轻视的女儿往往会产生"我到底哪里不好，才会让父母这么不喜欢我"的想法，她们会怀疑自己存在于这个世界上的价值和意义，进而或会更加轻视自己，妄自菲薄，不断贬低自己，否定自己；或会感到不公，奋起反抗，尽自己所能争取自己应得的东西。她们在长大之后，前者更可能形成软弱的性格，习惯于逆来顺受；后者更可能形成强势的性格，对一切事情都有控制欲望。

这两种类型的女孩看似相反，实则都存在同样的问题。

一是非常缺乏安全感，在感情上很容易被骗。

柚子曾经谈过三次恋爱，但回回被骗，朋友们都戏称她是"渣男收割机"。

柚子的第一个男朋友，是在餐厅吃饭时遇到的，当时他在柚子的隔壁桌，临走时向柚子要了联系方式，很快，他们便在一起了。

一天，男生告诉柚子："自己的奶奶住院了，需要一笔钱，自己这里暂时没有那么多，希望柚子能借给他一些。"

柚子一听，二话不说把钱给转过去了。没想到，第二天那个男生就不见了踪影，怎么也联系不上。这时，柚子才明白那些甜言蜜语不过是哄骗自己的手段，他根本就不喜欢自己。

第二个、第三个，虽不都是骗钱，但所作所为都有目的，而可怜的柚子，每次都是付出自己的真情实感，到最后却都是遍体鳞伤。

朋友们虽然会开一些小玩笑，但是并没有嘲笑的意思，他们打心眼里心疼这个傻姑娘。

柚子是家里的老大，下面还有两个弟弟。从小，父母就把所有的宠爱都给了这两个弟弟。她的妈妈还曾明确地告诉她："你以后就是别人家的人，所以我们家东西你能少用就少用，否则欠的多了是要还的。"

生活在这样一个家庭中的柚子,从未感受过父爱母爱的温暖,她渴望有人对她好,渴望被人爱,所以当一个人稍微对她好一点点,对她与众不同一点点,她就会觉得对方是善良的,是爱自己的,就会奋不顾身地付出自己的所有。

在重男轻女的家庭中长大的女孩,由于无法获得父母平等的爱,内心对亲密关系是十分渴望的。长期缺爱的她们,一旦遇到对自己好的人,哪怕只是比别人好一点点,就会丧失理性,不会过多地思考,就对对方掏心掏肺,往往轻易被骗。

二是自卑敏感,难以拥有和维护亲密关系。

演员伊能静曾在采访中谈起自己第一段婚姻,她觉得那次离婚很大程度上是原生家庭的影响。

伊能静的父母婚姻不幸,两人时常有争端。伊能静出生后,重男轻女的父亲就直接抛弃了她们母女。此后,饱受生活艰辛和痛苦的母亲,不止一次对伊能静说:"如果你是个儿子,我的生活也不会那么辛苦了。"

就是这样一句话,让伊能静幼小的心灵产生了深深的负罪感,觉得自己不该来到这个世界上,也让她越来越敏感,对很多事情都会想很多。

长大后的伊能静依然没有摆脱这些影响。在第一段婚姻中,她一度处于不安状态,既敏感又害怕,担心被抛弃,这在无形中给了伴侣很多压迫感,彼此都很痛苦,最终只能以分手收场。

重男轻女的父母特别喜欢拿性别说事儿,或者在同一件事情上对男孩女孩给予不同的评价,这就会让心思本就细腻的女孩想很多,当她们百思不得其解父母为什么这样时，就会将原因归咎于自己，是自己做得不够好，是自己不该存在于这个世界上，之后为了得到父母的肯定，她们会不断努力，会察言观色，会委曲求全……这就导致她们在对亲密关系渴望的同时，也怀有深深的恐惧感，因此很难敞开心扉去接受别人的感情或者处于一段感情中时常常不安，害怕对方抛弃自己，对一点小事就特别敏感。

这样的女孩可能会成为父母"重男轻女"的延续者，将自己受到的伤害再施加在子女身上，从受害者变成施害者；这样的女孩可能一直自卑，逆来顺受，成为一个十足的讨好者；这样女孩可能在感情中不断被骗，无法拥有一段真正的爱情；这样的女孩可能极度敏感，让人难以亲近；这样的女孩可能因为长期的不公平待遇产生强烈的不满，滋生仇恨，最终以悲剧收场……

"重男轻女"带给女孩的影响是长久而深远的，即使她没有因为父母的所作所为而贬低自己，并通过自己的努力，证明了自己的价值，跳出了原来的圈子，但是那些过去的伤痛是一辈子都无法磨灭的。

毋庸置疑，女孩是受"重男轻女"思想荼毒的最大受害者，但是，它对男孩就没有一点坏处吗？显然不是的。

重男轻女的父母，往往对儿子十分偏宠和溺爱，百依百顺，这就会导致：男孩对父母的依赖性过强，无法形成独立的性格；男孩会认为自己要的父母都会给，因而好吃懒做，不学无术；由于父母的骄纵，男孩也会目中无人，不懂礼貌，不懂得尊重人。

这样的男孩会十分自私冷漠，什么事情都会先考虑自己，不懂得感恩，经常窝里横，表面狂妄自大，实则胆小如鼠，并且抗压抗挫能力会非常弱，经不起一点打击。

他们在长大后，很大程度上会成为家里的寄生虫，啃老，啃姐，甚至啃妹，一方面他们长期生活在父母的庇佑下，难以锻炼出自我依靠的能力；一方面即使他们有能力养活自己，也会懒得去做，习惯了坐享其成，或者在外面一旦遇到点挫折困难，就会立马放弃，回家找父母寻求慰藉。

电视剧《欢乐颂》中樊胜美的哥哥就是重男轻女家庭中男孩的典型写照。他好吃懒做，不思进取，自己结婚、买房子、生孩子的钱全都是通过母亲从妹妹手中获取的，如此这般，他不仅不感恩，还认为理所当然，在母亲的纵容下，变本加厉，恨不得把妹妹"榨干"。

后来，游手好闲的他又染上了赌博，欠下了数不清的债务，被逼债的过程中，又把人打伤。而欠钱闯祸的他就只会逃跑、躲避、求妈，一点担当都没有。

而养出了这么个败家子的老母亲，一听到儿子的呼救，就迫不及待地逼迫女儿来收拾这烂摊子，她对女儿说得最多的就是："那是你亲哥啊，你不能见死不救啊，你哥你妈都没地方住，你还住这么漂亮的房子……"

就是在她这样的一再纵容下，儿子依赖性更强，更加无法自立。

教育学家尼尔森说："一个人形成啃老的性格，很大程度上是因为在童年时期，接受了来自父母太多的溺爱。" 其根源在于，父母的过度负责剥夺了他们为自己命运负责的权利，他们没有在合适的年纪获得应该具备的品质，锻炼出应有的能力，因而在将来也无法对自己负责。

此外，对母亲较为依赖的男孩，在选择配偶时也会倾向于"找妈妈"而非"找妻子"，因而他们找到的伴侣往往是强势的、控制型的，这对以后的他和他的孩子来说，将是又一场悲剧。

总的来说，重男轻女对女孩最深的影响在于，亲密关系往往不顺遂，在感情中容易受伤被骗，而对于男孩来说，则是无法形成独立的性格，永远长不大，一事无成，待父母离去后将面对更加残酷的生活。

值得一提的是，当今社会的很多家庭又出现了"另类"的重男轻女。

与传统重男轻女的父母不同，新型重男轻女家庭中，父母会把女儿当成宝一样宠爱，好吃的好看的好用的都给女儿，而对儿子特别严厉，从小就让儿子干活甚至刻意受苦，这就也是人们常说的"女儿奴"。

然而，到了孩子长大成人、成家立业之时，父母会把财产全部交予儿子，并且还会以"当初的宠爱"为借口，让女儿为儿子以及儿子的家庭出钱出力。

这种类型的重男轻女，对女孩的伤害更大。父母态度的突然转变，对于她们来说无异于晴天霹雳，与此同时，父母过去的宠爱在让她们无法忘怀的同时，也会对父母更加怨恨。

不管哪种类型重男轻女的父母，最终都将为他们愚蠢的行为付出代价，等待他们的，极有可能是儿子的无能不孝和女儿的寒心疏远。

第二章　妈妈的爱，要会表达才不会给孩子造成伤害

为什么那么爱孩子，他感觉的却只有烦恼

在育儿的道路上，羁绊总是如影随形，随着孩子身体机能、认知机能的发展成长，很多妈妈却并没有感觉到轻松，反而遭遇着各种各样的问题，而最大的疑虑莫过于：为什么我那么爱孩子，但他感觉的却只有烦恼？

我们花一辈子时间等待父母给我们道歉，他们花一辈子时间等待我们说谢谢，而我们都得不到彼此想要的。

父母自以为浓烈的深沉的不求回报的爱，有时候在孩子眼中，却成了一种需要道歉的伤害，一种痛彻心脾的折磨。

这是为什么呢？

首先，从孩子本身的发育来看，他们对父母的依赖随着年龄的增长在逐渐下降，如果在孩子渴望独立的时候，父母给予了太多的关爱，就会被孩子视为负担。

另一方面，爱的时间和分量都适当的情况下，还要注意给予的方式，方式不对，爱也就成了伤害。

针对第一种原因，最典型的情况就是"父母包办"或者"父母操控"。

有一位网友分享了自己被妈妈360°立体环绕式照顾的经历：

我的家庭条件虽然不是很好，但我依然享受到了大小姐般的待遇，而这全要仰仗我的妈妈。

在我的记忆中，小时候一说饿，妈妈就会迅速地拿东西喂我吃，我在初中以前甚至没有自己吃过饭；跟小朋友在一块玩的时候，妈妈也总是在我左右，小心翼翼地保护着；等我上了学，妈妈每天都会接送，生怕我会在路上遇到坏人；我住校的时候，妈妈经常会带着爸爸过来给我洗衣服洗床单……而我的任务就只有学习。

就这样，将近成年时，我的生活自理能力还是零，为此常被身边的人嘲笑、鄙视……我知道妈妈很爱我，但是这种爱我快要消受不起了。

也曾有这样一个段子描述了一部分"中国式家长"：

4岁时，我为你找了附近最好的幼儿园；
7岁时，我给你报了奥数班；
16岁时，我千辛万苦将你送进了重点高中；
19岁时，我给你选了××专业；
23岁时，我给你报了公务员；
29岁时，我给你报了《非诚勿扰》；
……

为了孩子不受到伤害，父母甘愿牺牲自己的一切，为了孩子少走弯路，父母尽力安排好孩子的一切，这就是父母"沉甸甸"的爱。

而第二种原因，最典型的情况就是"打击式教育"或者"诋毁式教育"。

综艺《少年说》里第一期的一位小主人公袁景颐对妈妈的告白，想必也是很多孩子的心里话：

有一个人他十项全能，他什么都好，他就是别人家的孩子。
你总对我说，你这么差怎么会有人愿意跟你做朋友？
你为什么老是打击我，难道你就看不到我的努力吗？

对此，袁景颐的妈妈回答却是："我觉得你的性格，我要是不打击，你就会飘。"

无独有偶，《广东日报》上也曾刊登过一篇《大龄"剩女"视父母为"祸害"》的新闻：

第二章　妈妈的爱，要会表达才不会给孩子造成伤害

她是一个让父母操碎了心、几乎将父母逼疯的女儿，同时，她也将自己的父母视为祸害。

她大龄未婚，好不容易结了婚，却很快又潦草收场。于是，她的妈妈因为担心她嫁不出去，就隔三岔五地敲打她："你现在一天比一天不值钱，有这么大的污点，你今后可怎么活下去啊？"

闻言，她既惊讶又愤懑："啊？我怎么没发现自己是个污点，听我妈这意思，那我现在去死才是不是比较保值？"

"你怎么什么都不行！""画个画有什么用，能当饭吃？""跟男生走那么近，你要不要脸！""你找的那算什么工作！"……这些出自父母口中的言语，就像刀子一样扎进了孩子的心，可父母却丝毫没有意识到，甚至觉得"我打击你，诋毁你，就是为了激励你，为了让你变得更好"。

而上述家长的做法，不管是哪种类型，都透露着同一种心理：我做的这一切都是为了你，我是为了你而活，这也正是中国式父母们普遍持有的育儿观念。

"一切都是为了你，为了你而活"看似是一种亲情的无私奉献，实际上却是一种以爱为名的绑架和操纵。在这样的爱下，孩子的天性得不到释放，本心深受束缚，他是恐惧的、压抑的、痛苦的、不快乐的，而当他想要逃离时，"为了你父母受了多少苦"的负罪感又将他狠狠地拽了回来……

这样的爱，孩子又怎么会喜欢？

很多父母热衷于标榜自己多么的爱孩子，那不过是自己的错觉，他们所谓的爱只是想要把自己人生的遗憾在孩子身上获得圆满，正因为如此，才妄图用自己的经验去操控孩子的人生。

爸爸比妈妈大3岁,两个人婚姻是个悲剧。到了我谈婚论嫁的年纪,妈妈总是跟我说,我嫁给你爸爸真是太后悔了,虽然比我大却不懂事,干活还没力气,所以你以后找对象,一定不能找比你大的。

几年前,豆瓣上还出现过一个很让人匪夷所思的帖子:爸爸对不起,我北大毕业,但没能挣大钱,当大官……

以前和蔼可亲的爸爸,在我拿到毕业后的第一份offer后,开始对我恶语相向,骂我给他丢了人,每天都打电话来侮辱我。

他这么做的原因就是,在他的观念里,北大的毕业生可以轻松年入百万或者当上市长、省长,而我的工作每月只能拿到8000元。

当然,这也并不完全是父母的责任,与时代特征、社会环境、经济压力等都有着密不可分的联系,我们也理解父母的感受,他们不是神,也是拥有血肉的普通人,眼睁睁地看着孩子做自己认为不对的事情,又怎么能不管不问?

但同时,这些爱也都普遍存在一个更大的问题,而这个问题则完完全全是由父母造成的,那就是忽略孩子的情感诉求。

很多父母在教育孩子的过程中,总认为我为你付出了,我满足了你的物质需求,就是爱你,殊不知孩子最能感受到的,最需要的关心却是心理和情感方面的。

一个小女孩家里条件不太好,升入中学后,身边的同学都很富裕,在金钱方面,她产生了强烈的自卑感。有一次妈妈来学校看她,临走悄悄塞给她200块钱,说道:"丫头,妈妈也知道咱们家条件不好,但是该花就得花,别人请咱们咱们就要请回去,别让同学瞧不起,这点钱妈妈还是拿得起的。"

看着妈妈离去的背影,女孩拿着200元泣不成声,那之后,尽管家庭条件没有任何改善,但她再也不觉得自卑了。

当孩子的情感需求被满足,内心充裕,遍布阳光时,他整个人所展现出来的也将是积极向上的状态,他会坚强勇敢、乐观自信、不怕挫折,他的人格是完整健全的,不会轻易自暴自弃,也不会过于自满狂妄,他对自己有着清晰的认知,也明白自己要什么,应该去做什么,只因为他有一个强大的后盾,这个后盾的核心就是父母对他情感的呵护。

那么,父母究竟如何去关注并且回应孩子的情感诉求呢?从前面提到的"静止脸实验"中,我们也可以获得这样的信息:

孩子用手指向一个方向,妈妈的目光随之望去,孩子高兴地拍手,妈妈面带笑容及时回应,这种互动模式下,孩子的情绪一直是积极的——面对孩子给出的交流信号,父母给予及时的、同等强度的反馈时,孩子的情感需求就获得了极大的满足。

相反,孩子微笑、拍手、用手指向远方,妈妈既面无表情又不给予回应时,孩子就会变得暴躁不安,开始尖叫、扭动身体,希望以此获得关注,当妈妈仍不为所动时,孩子彻底崩溃,绝望大哭——当父母反馈不及时、反馈的内容有所偏差时,孩子就会出现情感落差,从而展现出来"消极的""叛逆的"行为。

最后,妈妈重新回归到最开始的状态,对孩子抚摸肩膀,轻声安慰,孩子很快又露出笑脸——父母的及时修复重新填补了孩子的情感缺口,减少了对孩子的伤害,重新获得了孩子的信任。

简单来说，就是要抓到孩子的关注点，并基于这个点及时给出强度相符合的回应。接下来，我们可以换个场景帮助妈妈们更好地理解。

比如，孩子从幼儿园回来后跟你说："妈妈，我的小伙伴都有游戏机，我也想要。"你会怎么回应呢？——玩游戏不好，伤眼睛又耽误学习，宝贝乖，不跟他们学。

不出意外，听到这个回答的孩子，要么一噘嘴，生气地不再理你，要么不依不饶，求着你给他买，于是，一场战争不可避免地爆发了。

毋庸置疑，你的出发点是爱，但是孩子却没有感受到，因为你没有关注他所关注的，没有在乎他所在乎的。

孩子说别人在玩，他也想要，背后隐含的信息是，他想跟大家一样，想更好地融入朋友的圈子里——他害怕被孤立，但你却只看到了事情的表面，

想都不想就拒绝了他的请求,传递的信息是"不应该喜欢游戏",如此,双方的信息是完全错位的,又怎么能实现平等的沟通呢?

渐渐地,父母与孩子之间,就会形成这样的状态,一方认为我是为你好,另一方却觉得你一点都不爱我。长此以往,孩子就会对父母失去期待,将父母的爱当作负担,这时候,父母即使有心改变,也很难重新修复与孩子的关系,无能为力的父母和叛逆的孩子,就是最真实的写照。

妈妈们与其纠结孩子为什么排斥你的爱,不如认真反思自己,在事情尚未成定局之前,及时改变,及时修复亲子关系,一切的教育方法和教育手段只有依据于良好的亲子关系之上,才能发挥其作用,妈妈们不妨想一想,如果孩子根本不信任你,他又怎么会按照你希望的去做呢?

教育孩子应该适当减少一些功利性,不要过于苛求名次、成绩、成就,而应该把注意力多放在孩子内心世界的巩固上,一个心灵富饶的人,总会被世界温柔以待。

把"我这都是为你好"变成"你觉得这样好不好"

最近,我偶然间得知了一位朋友的故事。

这位朋友在几年前成为一位妈妈。然而,新晋妈妈的喜悦她还未尝到多少,育儿教子的痛苦就接踵而至。这种痛苦不光源于孩子对于自己的不理解,也源于她自己内心深处的恐惧。

她的诉说通篇都在发泄自己的满腹牢骚,但其中却有着绝大多数中国父母以及中国式父子、母子相处模式的影子,让人听了既觉得扎心,又深感无奈。接下来,就让我们走进她的故事。

早上,外面下了大雨,小晴起床时穿得还是昨天的那身衣服,有些薄,我说:"小晴,快去加一个外套,今天外面冷。"

小晴却说:"妈妈,我不冷,你不信看看,我手心都出汗了。"

"出什么汗啊,妈妈都是为你好,快来穿上。"我不由分说,把小晴拉过来,随手拿了一件衣服硬给她塞了进去,小晴一脸不情愿地出了门。

吃晚饭时,小晴老是夹她喜欢吃的那两道不是很有营养的菜,"这个没什么营养,多吃点鱼肉、蔬菜,你看你瘦的,总是挑食,总爱吃零食和快餐,妈妈都说多少次了,那是垃圾食品,不健康,你就是不听,我还能害你不成?"

说着，我把小晴喜欢的那两道菜挪到了离她远一点的位置。

吃过晚饭，小晴想看会电视，我看她作业还有一些没写完，就想让她写完再看，小晴听了之后走过来央求我让她再看一会。

上了一天班，回到家又做饭又忙家务的我此时已经疲惫不堪，女儿软声细语的恳切请求在我看来就是不听话耍赖，与此同时，她过去种种不听话的情景瞬间一幕幕浮现在了我的眼前，于是，我一把扯过她，大声说道："不行，你现在马上就去给我写作业去，你为什么就不能理解理解妈妈呢？妈妈真的很累了，你就听一次话行吗？"

小晴一气之下拿着书包摔门进了卧室，屋外，我听到了她的啜泣声，心里愧疚起来。

晚上孩子爸爸回来，我向他说了今天的情况，他去了小晴的房间。

我在外面听见，小晴边哽咽边哭诉："妈妈什么都管着，什么都得听她的，我讨厌她，我不要这样的妈妈，呜呜……"

我心里很不是滋味：这不是为了你好吗？孩子什么时候才能懂做父母的苦心。蓦地，我想起了曾经的自己，突然意识到，现在的我，不正是以前自己最讨厌的那种妈妈吗？

这位妈妈曾经还是一名抑郁症患者，而她的症结所在，就是所谓的"我都是为了你好"，这也正是她如今在孩子教育上十分苦恼的原因。

她有一个控制欲极强，并且爱打击人的母亲。

小学的时候，妈妈让我穿着我不想穿的衣服去上学，嘴里也是说着"为你好"。在学校，我的穿着被同学嘲笑，回到家向妈妈倾诉，妈妈却说："衣服有什么美丑，还不怪你长得不好看……"

高考报志愿时,我想选自己喜欢的专业,可妈妈却说:"学那个能有什么出息,听我的,我都是为了你好。"

转眼大学毕业了,妈妈又让我考老师、公务员,"我都是为你好,这些事都是铁饭碗,你找的那都是什么不三不四的工作……"

当我将自己交往的男朋友告诉了妈妈时,妈妈却说:"他家里条件不好,离得还远,什么爱情不爱情的,分手吧,我这是为你好,再说了,你就不能考虑考虑妈妈吗?以后谁照顾我?"

……

这数不尽的来自妈妈的控制和打击,常常让她陷入自卑和无助当中,当她按照妈妈的想法去做时,就会觉得亵渎了自己的内心,但如果不按照妈妈说的去做,又会觉得十分愧疚。她越来越觉得自己一无是处,对一切心怀不满,并且十分在意他人的看法,她常常努力地假装自己很乐观很开朗,还会做出一些匪夷所思的举动去讨好别人。最后,她终于承受不住了,精神世界也就崩塌了。直到她遇到现在的丈夫,抑郁症才逐渐减轻,她曾发誓自己一定不要成为像自己的母亲那样的妈妈,可现在,她似乎正朝着那样的方向走去,这让她深感不安。

"我该怎么办呢?"她说道,"我不想让小晴重蹈我的覆辙,但是我真想让她好,我是真的很爱她啊。"

"我/我们这都是为你好"这句话,似乎是中国父母的标配,往往会出现在孩子面对重要选择的时刻,升学、择业、辞职、找男朋友、结婚生子……

通过对类似于上述事件的一些案例的分析,我们可以了解到父母在说"为

你好"时，是出于什么样的心理：**我经历得比你多得多，所以懂得也比你多，你听我的才能少走弯路，才能少受伤害。**

然而，这句话让孩子感受到的并不是爱，而是强迫，是不被关注，是沉重的心理负担。

它忽略孩子的情绪感受。父母秉着"为你好"的名义要求孩子做一些事情，或者将某些东西附加在孩子身上时，很少会换位思考，很少会去想：这是不是孩子真正需要的？孩子会不会快乐？孩子这样做了他会面临什么样的处境？这种情况下，孩子就会产生"没有人关心我、没有人喜欢我、我是多余的那一个"等这样的想法。

它影响孩子性格的形成。在孩子成长的过程中，如果父母不停地用"为你好"来否定孩子的想法和决定，就会让孩子不但无法形成很好的自我边界，还会非常在意他人的眼光，将个人价值完全等同于外界的认同，不敢拥有自己的想法，缺乏胆识和魄力，不论做什么都畏首畏尾，甚至完全丧失独立思考能力，唯他人眼光是瞻……

它甚至会让孩子留下心理创伤。如果父母控制欲过强，**且常常用"这么做都为你好""为了你我们这么辛苦"**等诸如此类的话语来达到控制孩子的目的，再加上我们的文化中类似于价值观的反复强调："天下无不是之父母！""父母就算再不对，也是出于爱你！"孩子想逃离父母掌控时，反而会产生强烈的自责，于是渐渐地对逃离掌控、获得自由这件事怀有负罪感，久而久之，心理健康就会受到影响，甚至于出现心理疾病。

一位教育专家说："家长在教育孩子的时候会犯一种错误，就是'我都是为了你好，所以你就要听我的'，这看起来是家长在保护孩子，其实是在把自己的意愿强加在孩子身上。"

"我都是为你好"不是爱的表达，而是亲情的绑架和对孩子无情的否定，束缚着孩子的行为，消极地影响着孩子的成长，父母越是如此，孩子的抵触情绪越高，内心就越脆弱。

作为父母，更应该关注孩子真正想要什么、喜爱什么、厌恶什么，让孩子能够做自己成长的主人，而不是将自认为正确的、有好处的事情强加在孩子身上。心理学大师海灵格曾经说过："幸福的家庭，都有一个共同点，就是家里没有控制欲很强的人。"

当然，孩子由于认知能力的限制和阅历的缺乏，不可避免地会对某些事情产生错误的判断，也不能够很好地控制自己的行为，这种情况下，父母是有必要也是有义务进行干预的，但要注意干预的程度和方式。

首先，关注孩子的情绪。当你想让孩子做一件事情或者给予孩子某些东西时，要看他是否高兴，是否愿意，如果察觉到孩子的不快，就要问他的想法，认真倾听孩子所说的话，并给予积极的正面的回应。

其次，以"商量式"而非"命令式"的语气和孩子交谈，摆出选项让孩子自己选择和负责。要问"孩子你觉得这样好不好"，如果孩子仍旧坚持自己的想法，你就可以把两种甚至多种选择摆出来，分别说明它们的优劣势以及造成的后果让孩子自行选择，但告诉他，后果自负。

在这里和家长们分享一个小故事：

下午放学回来，儿子把脚上已经湿透的鞋子一踢，然后把湿漉漉的脚丫子伸到了我的面前说道："妈妈，你是对的，我应该穿皮鞋的，你看，袜子全湿了。"

早上时，雨下得很大，我跟儿子说："运动鞋不防水，你穿皮鞋吧。"儿子却非要穿他喜欢的运动鞋，还不耐烦地说："妈妈，这点雨没关系的，我已经长大了，可以自己做决定了。"

我说："没问题，我就提醒你可能的后果，到时候鞋子湿了可不许哭鼻子。"

他点点头："放心吧。"然后，高高兴兴地穿着心爱的鞋子上学去了。

自此之后，再遇到下雨天，不用我说，儿子也会自觉地穿上皮鞋。

故事里的妈妈在孩子懂事之后，诸如穿什么衣服鞋袜、周末怎么安排等事情她都会尊重孩子的选择和决定，不会一味地强迫孩子，有时候，即使孩子的选择不合理，在孩子强烈要求的情况下，她也就不再阻拦，只是将"后果"善意地提醒给孩子，用她的话说，**孩子只有通过自己摸索，不断试错，才能够真正长大，学会如何独立生活。**

当然，不同的孩子具体情况不同，这样的教育方式不一定适用于每个孩子，但用"为你好"来限制孩子的行为毫无疑问是失败的教育，父母在孩子的人生道路上起到的应当是引导和支持的作用，而不是以爱的名义企图控制他们的人生，对他们实施伤害，同时也让自己的生活陷入围着孩子转的漩涡中。

爱从来不是控制，更不是以牺牲自己的方式增添他人的烦恼，孩子也不是父母的所有品，父母也不应该只为了孩子而活，所以，为了孩子，也为了你自己，请把"我这是为你好"，变成"你觉得这样好不好"。

父母子女一场，活成自己，是孩子和父母给对方最好的礼物。

仪式感很重要,给孩子买礼物而不是买东西

曾看到过一个视频:

国外一对父女,每次外出扔垃圾都会"盛装打扮"。

一大一小两个身影,有时候是白雪公主和小矮人,有时候是绿巨人和蜘蛛侠,有时候是王子和灰姑娘……

父亲用大大的手掌紧紧地牵着女儿的小手,女儿蹦蹦跳跳地跟着,看到他们的人都会不自觉地开心起来。

这与众不同的丢垃圾,就是一场仪式。

"仪式是什么?"小王子问道。

"这也是经常被遗忘的事情。"狐狸说,"它使某一天与其他日子不同,使某一时刻与其他时刻不同。"

——《小王子》

所谓仪式,就是把本来稀松平常的事情变得特别起来,让人对之期待,

感到幸福，产生敬畏心，获得爱的能力。 当前，仪式的范围越发广泛，不再局限于"典礼秩序"，生活中的很多事情都可以成为一种"仪式"。实际上，单凭"仪式"这一简单的程序化过程，并不能对人的情感产生影响，真正的作用者是升华于其中的"仪式感"，即在"仪式"活动中形成的对"色彩""节奏""境界"等感官体验，以及其中蕴含的"神圣感""艺术心""认同感"等对人的心性结构以及情感气质的影响。

在成人的世界里，仪式感能够让灰头土脸的生活变得温柔闪耀起来，而在孩子的世界里，它同样很重要。

一位毕业于牛津大学的学者回忆自己小时候上学爸爸接送他的场景时，这样说道：

爸爸每次接我回家、送我去学校的时候，都会在前一天专门洗一次车，而且把车擦得特别干净。

父亲的洗车让我对上学有了仪式感，也因此格外用心读书。

网络上，在"仪式感"相关的问题下，也有人分享自己的经历：

小时候，每一个节日或是不平常的时刻，妈妈都会准备特别的东西。生日的时候，除了蛋糕，还有我念念不忘的玩具；圣诞节的时候，会有缀满彩灯的圣诞树和个性的圣诞礼物；儿童节的时候，我们会穿上亲子装，一起去郊外游玩……甚至在我每一次上台表演，妈妈都会捧一束鲜花献给我。

于是，在平淡的生活中，我开始有了期待，这就像一颗小小的种子，慢慢发芽，悄悄生长，渐渐地，我学会了等待，学会了控制欲望，也有了越来越多的耐心，到现在，我也像母亲一样，看重每一个节日，母亲节、父亲节、妇女节、感恩节……

仪式，就是父母用心的体现，即使简单，也能让孩子感受到被爱、被重视、被关心，而这种感觉将促使他们对生活和学习充满向往和希望，养成温润通透的性情和淡然坚韧的品格，也教会他们学会感知幸福，学会爱。

涉足过教育学、心理学，也从事过教育工作的德国作家洛蕾利斯·辛格霍夫在《我们为什么需要仪式感》一书中写道："有仪式感的人生，才使我们切切实实有了存在感。不是为他人留下什么印象，而是自己的心在真切地感知生命，充满热忱地面对生活。"

一个小小的仪式，一种看似虚无缥缈的感觉，为什么对孩子会有如此强大的作用呢？

不少教育学、心理学专家表示，从 2 岁开始，孩子会对生活中的习惯和规律表示在意，并急切想遵守、学习，这种现象被称作"仪式信奉"。

从心理学的角度来看，仪式指的是向着积极的方向刻意改变孩子所处的环境，使其更符合孩子的内心表达，在这样的情景下，孩子内心深处最美好、**最正能量的东西就会被激发出来，即"正常的身心都需要一定的仪式感，一场小小的仪式带来的其实就是一种强烈的自我暗示，以使自己的注意力更集中、更认真、更用心。"**

如果，妈妈能够将这种暗示作用合理运用，孩子将更会受益无穷。妈妈可以运用仪式感让孩子感受到自己对他的期望，让孩子喜欢上学习，喜欢上一些有意义的事情或者养成某些品质。

知乎上一个网友这样写道：

原本，我对学习并没有什么特殊的感觉，说不上厌恶，也谈不上热爱。

直到有一次，我看到了妈妈为我包书皮的场景，她用那因干农活而粗糙不堪的双手将一张张旧报纸小心翼翼地在我的新书上翻折、抚平……

每逢新学期开学，就是妈妈郑重其事地为我包书皮的时刻，就是这样一个简单的仪式，把一个淳朴的乡下母亲对知识的尊重和渴望传递给了她的子女，让我对学习开始怀有一颗热忱之心，不敢懈怠。

妈妈对于孩子的期待总是满满当当的，想让他学业有成，让他多才多艺，让他拥有美好的品格，让他具备拼搏的勇气，让他将来有好的生活……可很多时候，孩子却把妈妈的期待当作束缚，看成负担，原因是妈妈使用不恰当的方法，比如唠叨，比如强迫，在无形中给予孩子很大的压力，激起了他的逆反心理。所以，妈妈们不妨使用"制造仪式感"的方式，让孩子看到你的用心,你的期盼,引导他向你所期望的方向行进。

妈妈可以运用仪式感让孩子的目标更清晰明确,改掉拖拉、不专心等不良行为。

记忆中最深刻的画面,就是每天晚上,快到睡觉的时候,妈妈就会给自己换上一套漂亮的衣服,然后坐在床边,拿着童话书,温柔地读。

这让幼时的我觉得睡觉是一件很幸福的事情,时间一到,我就会乖乖地躺在床上,当别人家的孩子还在吵着闹着不睡觉的时候,我就已经在妈妈暖暖的声音中进入了梦乡。

让孩子在某件事情上体会到仪式感,他就会对这件事产生期待,认为它是重要的,进而明确自己想要的是什么,期待促使他开始,让他战胜本性的弱点。

在音乐之都奥地利,父母带孩子们去听音乐会时,会为他们穿上隆重的礼服,妈妈会为女儿挽一个漂亮的发型,爸爸会亲自为儿子打领带,这样隆重的装扮,让孩子意识到了事情的重要性,因此在听时格外认真专注,也更容易沉浸到音乐中。

给孩子设定目标时,设立一个小小的仪式,就能让孩子对这个目标更加清楚和重视。

妈妈也可以运用仪式感帮助孩子抵抗和削减生活中的消极因子,提高心理承受能力。

心理学中有一个概念,叫作影射。影射分为潜意识和有意影射,是指在我们的意识或潜意识中植入一粒种子,一种信念,一个词或一幅画,以及如何对我们行为产生影响。当影射是积极时,人们会产生积极的行为,反之则会不自觉变得消极。

而影射的积极作用就可以通过"仪式"来实现，妈妈给孩子设置的仪式，实际上就是创造了一个积极的情景，在这个情境中，孩子会得到积极的暗示。

有一个妈妈，她觉得自己的儿子很容易沮丧，受到一点点小打击就会变得非常没有信心。于是，这位妈妈每次在儿子遇到挫折时，都会在儿子的桌子上放一朵小花或一颗水果又或是一个小礼物，附上一张纸，上面画着一个大大的笑脸，写着"加油，你很棒！"。

慢慢地，儿子似乎从这简单的小仪式中获得了力量，变得越来越自信乐观。

同样，这种积极的情景也可以由孩子自己来创造。

在教育孩子的过程中，细心的妈妈可能会发现这样的场景，孩子被批评了或者遇到不开心的事情时，有时候会自己静静地待着重复做一件看似很无趣的事情，比如不厌其烦地数地上的蚂蚁、将石子垒起来再推倒等。

这种情况，用心理学的知识解释就是，**通过个人重复的系统化行为，用以自我暗示，以克服对不确定性的焦虑。** 因此，妈妈们可以引导孩子自己创建一个固定的游戏场景，以发泄不良情绪，比如国外有一个妈妈就给爱发脾气的女儿买了红黄蓝情绪球，告诉她哪种情绪对应哪个颜色的球，当她产生这种情绪时，就可以将相对应的球放进指定的筒内，这样做过一段时间后，女儿的情绪问题就减轻了很多。

妈妈还可以运用仪式感帮助孩子建立秩序意识，使其能够规范自我。

吃完饭后认真收拾碗筷，玩耍后和孩子一起将玩具归位，在书本上贴上标记，把它们按顺序摆放好……这些都是一种仪式。这其中的小小仪式感让孩子知道做事情要有始有终，而不是任其杂乱，置之不理。

用固定流程或者某种特殊设定作为切入点，孩子会更容易建立条件反射。

以前，女儿的水杯总是乱放，因此打坏了一个又一个。

后来，我给女儿买了一只印有小兔子图案的杯子，又在放杯子的地方贴了一只大兔子，然后告诉女儿，小兔子离开妈妈会难过的。

那之后，女儿的杯子再也没有乱放过，并且这种"物归原位"的习惯逐渐延伸到了更多地方。

孩子年龄越小，习惯越容易养成。妈妈们可以在孩子较小的时候，就开始用这种方式使他建立规范意识，重复某些积极性行为，进而形成固定的习惯。

我家孩子在很小的时候，我就为他的睡觉设定了五部曲——洗澡、喝奶、刷牙、讲故事、关灯，这样坚持一段时间后，他就形成了主动睡觉的习惯。

仪式，并不等同于形式，重要的不是繁华璀璨的外观，而是别出心裁的小心意，只要用心，任何一件事情都可以成为一种仪式。教育心理学家认为，**仪式感不是追求华而不实的形式，而是带给孩子内心的富足和平静，偶尔的惊喜和仪式感是给孩子最好的"富养"**。

如果你想让孩子成为一个懂礼貌、有担当、积极向上的人，可以这么做——每天清晨醒来，夜晚入睡，和孩子微笑着说一声早安、晚安；和孩子闹矛盾了，如果是你的错，别逃避，向他郑重其事地道歉，请求他的原谅；认真对待每一场邀约，为孩子挑选得体的衣服……

如果你想让孩子喜欢和热爱，他不抗拒你也期望的事情，可以这么做——为上舞蹈课的女儿，精心准备她的服装；为练书法的儿子，举办一次属于他的展览会；为爱唱歌的孩子，搭建一个小小的舞台，成为他的观众；庆祝孩子的每一次进步，不错过孩子的每一次成长……

如果你想让孩子成为一个有爱的、温暖的、懂得感恩的人，可以这么做——定时组织家庭聚会或是家庭旅行；尽量不要缺席孩子的家长会、颁奖典礼、汇报演出；当孩子有积极的行为时，给予他特别的表扬和鼓励，或是一件小小的礼物，或是一段暖心的话……

不是丢垃圾，而是去魔幻世界里冒险；不是去上学，而是去参加一场庄重的修行；不是买东西，而是挑选一个心动的礼物。

妈妈们，请尽自己最大的心意，为孩子营造充满仪式感的生活吧，相信他们也会回报给你一个更好的自己。

给孩子承诺并遵守，孩子会觉得"妈妈真伟大"

有这样一则新闻：

×年×月×日，某处的一座高层住宅楼上，一十几岁男孩拿着水果刀，情绪低落地坐在顶层边缘欲轻生，任凭大家如何劝说，始终一言不发，目光呆滞地望着地面。

后来，在消防员的帮助下，其父母写完保证书后，男孩才回了家。

男孩为什么会做出这样的冲动之举呢？究其原因，不过是父母答应了去开家长会，却临时爽了约。

对此，很多家长表示不理解：多大点事情啊？这孩子怎么这么想不开？父母肯定是有急事才耽误的，一点也不体谅父母……

然而事实上，说出这种话的父母，才是真的不了解孩子。

社会学家林·扎克说过："作为孩子最为亲近和值得信赖的人，父母的每一次欺骗，不论大小，都足以压垮孩子的内心世界。"短短一句话，既道出了父母的承诺在孩子心中的分量，也说明了孩子的内心世界与成人是完全不同的。

儿童心理专家们指出，孩子的世界和成人有着完全不同的比例，它们的构建往往是以父母为砥柱的，父母的每一次失信，都会让它们变得摇摇欲坠，直至最后的土崩瓦解。

人的一生当中，最难以摆脱的就是来自父母尤其是母亲的影响，无论年龄几何，职业是什么，人们的身上都会若隐若现着父母的影子。美国思想家艾默生曾说："孩子最终会成为怎么样的人，主要取决于他从第一个教育者那里所接受的爱的质量、陪伴和榜样示范。"

而作为孩子第一个教育者，妈妈的随意失信、不守承诺无疑是对孩子最坏的示范和最深的伤害。

妈妈的轻诺寡信，让孩子变得敏感

"这周末，我们去海边玩吧。"我随口跟女儿说道。

"真的吗，妈妈？"女儿的眼睛里透着亮光，边说着边去衣柜里笨拙地拿出了自己的小泳衣。

可是到了周末，我突然有一项很重要的工作要加班，只好把女儿送到了她外婆那里。

晚上，我去接孩子时，母亲告诉我，孩子一整天都闷闷不乐的，饭也没吃多少，我心里想女儿肯定是因为没有去成海边而不高兴吧，下次一定给她补上。

可是回到家后，女儿没有像往常一样凑过来挂在我的脖子上，而是怯生生地站在一旁，好久才问道："妈妈你是不是不爱我了，不要我了。"

听到这句话，我的眼泪夺眶而出，紧紧地抱住了我的小不点："怎么会不要你，妈妈会一直爱你的。"顿时，女儿也紧紧地搂住了我的脖子，委屈地啜泣了起来。

在每一个孩子心中，妈妈都是神圣无比的存在，是他们安全感的来源。也正是因为如此，妈妈言而无信时，孩子就会低落，会胡思乱想，小脑袋里会冒出各种各样的想法：妈妈是不是不爱我了？我是不是惹妈妈生气了？我是不是哪里做错了？为什么妈妈总是骗我呢？

或许在你看来，那只是一次无足轻重的爽约，可对孩子来说却是一次深刻而长远的伤害。在孩子具备认知能力之后，即使在年龄很小的时候，伤害也会烙刻在他的心里。英国思想家约翰·洛克说："孩子幼小时所受到的伤害，哪怕是极其微小的，小到几乎察觉不出，都有极重大极长久的影响。"

妈妈的承诺给了孩子无尽的期待，让他充满希望，与此同时，失信带来的负面影响也是同等分量甚至更重的，会让孩子陷入深深的自我怀疑和无助中，开始否定自我，久而久之，可能就会变得自卑敏感、怯懦不自信，形成诸多消极的性格因子。

妈妈的言而无信，让孩子撒谎成瘾

桃子的妈妈很喜欢用"下次一定……"来搪塞许给桃子的承诺。渐渐地，桃子也习得了这种做法的精髓，并将之用在了自己的人际交往中。

"晴晴，你去给我拿来凳子坐，一会我让你玩我的娃娃。"桃子一脸神气地说道。

晴晴听了蹦蹦跳跳地照着桃子的"吩咐"去做了。

"牛牛，你去给我拿瓶水，一会让你吃我的零食。"

美味的诱惑下，牛牛也乖乖照办。

"甜甜，你去……"

就这样，桃子用这些承诺像个小公主一样指使大家为她服务。而到最后，小朋友们向桃子要自己被承诺该得的东西时，桃子却说："下次再说吧。"

孩子的模仿能力极强，尤其在幼儿时期，对于父母的行为，他们常常会"照猫画虎"。妈妈的食言，正是孩子失信于他人，失信于社会的开端。

很多妈妈认为，自己随口说的一句话，不必当真，殊不知这句话在孩子心中却有着举足轻重的地位。对年幼的孩子而言，妈妈就是他们的整个世界，妈妈失信时，他们对于世界的信任也在动摇。当孩子认为他周围的一切都是谎言、欺骗时，他本身也会随波逐流，轻则撒谎成瘾，重则养成错误的是非价值观念。

在如今这个以信用为基础的社会，诚信者畅通无阻，失信者寸步难行。妈妈诚信与否不仅影响着孩子的情绪，也影响着孩子的性格形成，更影响着孩子未来在社会中的发展。

妈妈的出尔反尔，促使孩子叛逆

如开头的那个因父母不信守承诺而要自杀的男孩一样，现实中因为妈妈失信而产生逆反情绪，做出叛逆行为的孩子不在少数。

某个纪录片中，就记录了这样一个瞬间。

一个十几岁的男孩对着镜头愤愤不平地说道："总是说考完试想干嘛就干嘛，可他们却从来不给我干嘛的机会，每次都是我还没说完，就被拒绝了。明明是他们自己说的，还总是说话不算话，把我当小孩一样逗。"

说这句话的时候，男孩刚从学校辍了学。

"失望攒够了，就会离开"不只适用于情侣之间的分手，也同样适用于孩子与妈妈之间的疏离。对于年龄稍大的孩子而言，妈妈的失信会让他们变得逆反，并逐渐与母亲疏远。

一次次希望的幻灭，一次次期盼的黯毁，一点一点地瓦解着孩子对母亲的信任和依赖，也催发着他内心深处反逆意识的觉醒。

终于有一次，孩子彻底爆发了，他声嘶力竭地吼着，仿佛你是他不共戴天的仇人，或者他开始对你视而不见，似乎你就是一个路人甲，又或者他故意开始跟你作对，好像惹你生气是他的乐趣。

面对此情此景，你很生气，也很郁闷："我的孩子这是怎么了？他以前不这样啊？"其实这问题，妈妈最应该问的是自己。

他以为妈妈会一言九鼎，满心欢喜等来的却是下次再说。
他以为妈妈会金口玉言，翘首以盼而来的却是空头支票。

这种失望和郁闷的堆积，一个心智尚未成熟的孩子又怎么能一直承受得了？到最后只能以孩子情绪崩溃、疏远父母而收场。

孩子对父母尤其是妈妈有着天然的信赖，但是这种信任和依赖并不是永恒的，如果妈妈不妥善经营，它们就会逐渐变淡，进而消失。

现实生活中，为了让孩子达成某个目标或者做出自己预想的行为，而给出具有吸引力的承诺，是妈妈们在亲子教育中惯用的激励手段。但是很多时候，因为各种因素这些许下的承诺却很难成真，进而形成了一种专属于父母的谎言谬论：

一方面教育孩子要诚实守信，不能随意欺骗别人；一方面又对孩子不断许诺，然后理所当然地爽约。

> 要诚实守信
> 不要欺骗别人

> 妈妈下次
> 一定带你去.

尽管有的时候并不是妈妈的主观原因，但只要是失信，带给孩子的伤害就是真切存在的。

那么，妈妈应该怎么做，才能尽量避免失信的情况发生呢？

还记得一个妈妈的求助——孩子达到了我的要求，完成了约定，但是我不想兑现给他的承诺了怎么办？

儿子很喜欢玩游戏，我每次说他，他都嘴硬说自己没有耽误学习。一天我又跟孩子因为游戏的事情吵了起来，最后我很气愤地说道："好啊，你不说你没耽误学习吗？要是这次期末考试你能进全校前三，我就给你充500元的游戏币。"儿子欣然应允。

现在期末成绩出来了，儿子居然真的做到了，但是我后悔了，要真给他充了钱，不就是鼓励他不学好吗？

言而无信，还打着为孩子好的旗号，从客观的角度来看，这位妈妈的做法实在不可取。

"轻易许诺，随意爽约"是父母一种很常见的行为，家长们在承诺时往往会犯两种错误，一是不注重兑现的时间，二是不注重承诺的内容，这样一来就会导致"食言"的频繁发生。

所以，避免失信的第一步，就是别轻易承诺，承诺前一定要先想清楚自己能不能做到，这是对孩子最起码的尊重。

其次，越是小的约定，越要放在心上，你眼中的微不足道反而是孩子心中的所有希望。

女儿两岁的时候，我有一次去上班，女儿缠着我不让走，我让她乖乖听话，回来给她棒棒糖吃。

晚上我一进门，女儿就高兴地迎了过来，伸着小手要棒棒糖。

"晚上回家给你买个玩具""妈妈会带你去旅游""周末陪你一起去动物园"这些约定似乎都只是一句话的小事，但是孩子却会记得很深刻。

女明星张歆艺曾分享过自己小时候的经历："有一次考试，妈妈说只要你能考进班级前三，我就给你买那双99元的小白鞋。那段时间我学习十分努力，废寝忘食，可最后，我考进了前三却未能如愿，从那时起，我就发誓，等我长大了我一定要为自己买好多好多的小白鞋。"

一旦说出口的承诺，在不是不得已的情况下，一定要兑现，在社会道德的规范内，无论它是荒唐可笑还是耗时费力。

"曾子杀猪"的故事相信家长们都不陌生，因妻子的一句戏言，曾子竟大费周章地杀了一头猪，为的就是给孩子树立"言出必行"的榜样。

当然了，有些时候，妈妈的确有不得已的苦衷才辜负了孩子的信任，这种情况下妈妈千万不要找理由，用借口搪塞孩子，要坦诚以对，实话实说，向孩子解释你没有履行诺言的原因，请求他的原谅，并找机会弥补。

不过，这种有苦衷的爽约也不能一而再再而三，其实还是强调在第一点，承诺一定要慎重，不明确的事情、肾上腺素飙升时，最好别给孩子许诺。

最后，承诺是双向的，父母要对孩子守信，同样的，孩子也要对父母守信。

一位爸爸分享了一段自己妻子跟女儿"要债"的事迹：

一天，我们一家三口在外面逛街，女儿饿了之后想在外面饭店吃饭，妻子觉得太贵了不同意，女儿说道："我请客，钱你们先垫着，回家我再还给你们。"

本就是无心的话，女儿自然没放在心上，但回到家，妻子却不依不饶，一直向女儿要，称她既然说出了口，就必须做到。无奈之下，女儿只好拿了压岁钱还给妻子。

这件事给女儿留下了深刻的印象，此后她对承诺尤其在意，同时这也对我们起到了督促作用。

父母与孩子间双向的守诺，更有助于孩子建立正确的人生观、价值观，也有助于父母意识并规范自己的行为。

在大多数孩子心目中，爸爸妈妈最初的形象都是高大而光辉的，而当父母失信时，这种形象就开始了一点点崩塌。换言之，当父母给了孩子承诺并守信时，那一刻在孩子眼中，父母就像是无所不能的超人，他们会觉得爸爸/妈妈真是太棒了，而这种感受也会在一段时间内一直留存在孩子的心中，维护着父母的闪光形象。

第三章　蹲下来、坐地上，让我们和孩子好好说话

平等沟通的技巧是假装你就是孩子

听到过很多妈妈的这样的疑惑和抱怨：

"为什么孩子什么都不愿意跟我说？"

"我这么担心他，他却一点都不在意，一句话也不想跟我讲。"

"为什么孩子就不能理解做父母的苦心呢？跟父母好好说说话就那么困难吗？"

"感觉孩子越大离自己越远，以前还会和我聊聊天，现在一回来就把自己关在屋里……"

"孩子不愿意跟妈妈交谈，不愿意跟家人说心里话，一跟父母聊天就不耐烦"，是不少妈妈们面临的难题。

某教育机构曾在线上随机对一百个（初中及初中以下）学生及家长就"亲子沟通"的问题进行问卷调查，结果让人意外。

调查结果显示，所有的学生都认为父母是爱自己的，但76%的学生认为父母教育的方式并不合理。

在"面对如此爱自己的父母，有多少孩子愿意和家长说心里话呢"这个问题上，70%的孩子回答是否定的，而面对同样的问题，64%的家长却认为孩子会和自己说心里话。

在"明明知道父母是爱自己的，为什么孩子还要禁闭自己的心"的问题上，**76%**的学生表示，父母太过强势，只会关心学习，从不在乎他们的内心，还总是干涉他们的个人空间，75%的家长都表示，自己也希望拉近和孩子的心灵距离，平时也会主动和孩子交谈，部分家长还说道，**他们所关心的学习、生活问题恰恰是孩子们所反感的，再加上有时候由于迫切地想了解孩子，而没有注意说话的方式和语气，最终的结果往往是不欢而散，把孩子推得越来越远。**

可见，孩子不愿意与父母交心，并不是讨厌父母本身，而是因为他不认同父母的教育方式，认为父母不了解自己，不是真正地关心自己，在和他们沟通的过程中，感觉不到被平等对待，被尊重，总有一种压迫感。一部分没有意识到这个问题的父母，仍旧一厢情愿地认为孩子有什么事情就会跟自己说，不主动关心孩子的情况，殊不知孩子已经悄悄关上了心门，而另一部分父母，即使知道了原因，也不知何解，只能眼睁睁地看着孩子将自己拒之门外而焦急不已。

实际上，孩子与父母尤其是与母亲之间，因为血缘和哺育的关系，存在着天然的爱和信任。婴幼儿时期，是孩子与妈妈最为亲近的一段时间，这时候，人脑中进行理性思维，控制各种认知机能的大脑皮层刚刚开始发育，起主导作用的脑结构为爬行脑（控制本能性行为和反应）和情绪脑（主导情绪情感），而两者中情绪脑又占主导地位。

这种情况下，孩子自我意识衰微，但有着丰富的情绪情感以及感知能力，因而对亲近自己的人（一般为母亲）尤为信任和依赖。

然而，随着年龄的增长，大脑的发育和生活经验的增加，孩子在身体成长的同时，心智越来越成熟，认知能力越来越强，独立意识觉醒并逐渐加深，心理也在不断发生变化，**而妈妈对孩子的了解却仍旧停留在过去，认为孩子和自己最亲近，跟孩子交流可以随心所欲，不用注意什么，矛盾也就由此展开**，发展到最后就是妈妈越来越想靠近孩子，孩子却越来越逃避妈妈的关心，本该亲密要好的亲子，却形同陌路。

那么，妈妈究竟该怎么做，才能缩短与孩子之间的间隔，实现顺畅的平等的沟通呢？

首先，要先从外在的形式开始改变，尤其对于低幼孩童，这一点非常重要。

不久前，一个朋友对我抱怨道："也不知道怎么回事，女儿跟我越来越不亲了，反而特别喜欢跟隔壁的一个阿姨聊天玩耍。"

"那你有没有见过她们在一块相处的情景？"我问道。

朋友听了摇了摇头。

后来，朋友跟我说，她终于明白怎么回事了，那个阿姨在跟小朋友聊天时，总是俯下身来和孩子一般高度，孩子说话时，她就温柔地看着孩子的眼睛，全神贯注地听着，时而鼓掌，时而用力地点头，时而搓搓孩子的小手，就好像一个大姐姐一样。

放下身段，放下作为家长的权威，跟孩子在一起时，你也应该是一个孩子，正如著名教育家陶行知先生所说，我们必须会变成小孩子，才配做小孩子的先生。

当你以孩子的姿态、孩子的视角去跟孩子交流时，孩子会觉得轻松自在，能感受到对他的重视和爱，才会更愿意对你坦露心声，毫无负担地展现他最真实的一面。

而外在姿态的降低也能使父母的心理状态有所变化，能够把孩子当成和自己同等地位的个体来对待，自觉地给孩子更多的尊重，比如不打断孩子的话，不轻易否定孩子的观点等。

当然，外在姿态的改变只是表面，想要真正成为"孩子"，就需要了解孩子的心理。

其实，孩子和成人一样，他们的所做所为所想，都是围绕着三种心理感受，**其一是安全感，其二是价值感，其三是自主感，三种感觉相互依存，相辅相成。**

孩子所需要的安全感相较于成人更为简单一些，主要是对亲情、家庭的归属感，即父母要让孩子感觉到被爱、被尊重、被呵护；自主感，是要让孩子感觉到他是自由的，他可以自己决定一些行为和事情；价值感，是指要让孩子感觉到自己的价值，这主要通过完成或胜任某些事情获取。

著名心理学家德西认为，这三种心理需要被满足时，孩子的外在动机会向内在动机转化，并能感受到高的幸福感，呈现出积极的状态，反之，孩子就会出现各种各样的问题。这三种心理需要就是打开孩子内心的钥匙，如果妈妈在与孩子沟通时，能够较高地契合这三种需要，亲子沟通就会意外地顺畅、高效。

澳大利亚的一位心理学家将人与人之间的互动回应分为四个类型，主动破坏性的回应、被动破坏性的回应、被动建设性的回应和主动建设性的回应。

其中主动建设性回应是一种积极的令人感到愉快的回应方式，其强调的就是安全感的建设。

举例来说，放学后，孩子拿着一张试卷，兴高采烈地告诉你："妈妈，你看我今天考试得了全班第二！"

如果你说："全班第二又有什么了不起的，有本事考个全校第一"。这就是主动破坏性的回应，尽管你主动回应了孩子，但传达出的信息却是消极的，无异于给兴奋孩子泼了一盆冷水，孩子从中获取的是"不安全感"，如果妈妈常用这样的方式，孩子就会抗拒沟通。

如果你故意转移话题："你作业写完了吗？就在这得意扬扬的。"这是被动破坏性的回应，你直接忽视了孩子传达的信息，让孩子感受到的是"不被在乎和尊重"，彻底失去了和你沟通的兴趣。

如果你一边忙着自己的事情一边语气平淡地说了声："哦，我知道了，做得不错。"这是被动建设性的回应，尽管回应中有鼓励，但是冷漠的语气和态度却削弱了信息的积极性，孩子从中获得的安全感是极其微弱的，他可能不排斥与你沟通，但绝对不会主动与你沟通。

如果你拿过孩子的试卷，高兴地说道："哇，你真是太棒了。"接着询问他细节，"老师有没有表扬你啊，这道题你怎么想到这么做的啊，快跟妈妈说说。"这是主动建设性回应，孩子从中可以获取充足的安全感，会乐于并期待与你沟通。

生活中，妈妈们对这样的情况肯定不陌生：你想让孩子做一件事情，可孩子偏偏要做另一件事情，对于妈妈的"安排"，孩子极其排斥，就是因为他的"自主感"没有得到满足。

晚上睡觉前，儿子在聚精会神地玩他的一众玩具，我喊了好几声"该睡觉了，宝贝"，他都无动于衷，突然间，我想起几天前看的一篇文章，于是照猫画虎学着上面的做法说道："还有十分钟就到睡觉时间了，宝贝，你不再看会儿你最喜欢的故事书了吗？"

没想到，这招还挺管用，孩子放下积木找到故事书看了起来，这期间他还不停地瞄着自己手腕上的手表，过了一会，他就自己爬上了小床，说了句"妈妈晚安"。

儿子的这一系列操作，让我大吃了一惊。

相比于被安排，孩子更喜欢自主安排，相比于命令，孩子更喜欢建议。在和孩子沟通的过程中，妈妈应该是倾听者的身份，把话语权较多地交给孩子，给出选择而非命令和质问，让孩子自己做主，既满足了他的自主感，又可以将其行为控制在一定的范围内。

至于价值感，可以看作安全感和自主感的结合，当孩子自主完成一件事情，并因此获得奖赏时，他的价值感就会爆棚。

总之，只要在沟通时能够满足孩子对安全感和自主感的需求，就能走进孩子心中，拉近和孩子的距离。

严肃一些,孩子其实能够听懂你在说什么

亲子教育上,我们总是在强调,父母应当多站在孩子的角度看待问题,多些宽容,多些理解,不能使用暴力手段,尽量不要对孩子发脾气,要心平气和,讲究方法,再加上孩子年龄还小,认知能力有限,很多事情不能说得太深、太严肃。

于是很多家长和孩子相处时、教育孩子时,为避免孩子抵触,总是试图营造出来轻松欢快的气氛,或者觉得孩子不能理解,常常点到为止甚至"草草了事"。

这种做法在一些事情上是合理的,但不适用于所有的事情。

婷婷的妈妈有时候工作忙,就会把女儿送到孩子奶奶那里。

老一辈人自己苦日子过多了,总想着对孩子好点、再好点,吃和穿倒无所谓,就是有时候在教育上太过草率了些。

平常在家里,婷婷不小心弄坏个东西,或者伸手打爷爷一下,老两口都不怎么在意,他们都觉得孩子还小,不过是觉得好玩,长大了自然会好,顶多就是说一句:"可不能再这么淘气了啊,我的乖孙女,再淘气可就要打你屁股了。"其实,也就是随口说一说。

第三章 蹲下来、坐地上，让我们和孩子好好说话

一天，奶奶带着婷婷去小区里玩，婷婷看到小区的其他小朋友很是高兴，奶奶就让她自己去找小朋友玩。谁知，婷婷刚走过去就朝旁边的小男孩身上打了一巴掌，小男孩被吓了一跳，哇哇地哭了起来。

正在聊天的奶奶们瞬间慌了，都走过去查看自己家的孩子。得知"闹事者"是婷婷后，小男孩的奶奶就想让婷婷给孩子道个歉，但是婷婷奶奶却觉得不至于："小孩子懂什么啊，打打闹闹多正常，别那么较劲，我回头好好说说婷婷。"

大家都是邻居，这件事也只好就此作罢。

再说婷婷的奶奶，她所谓的好好教育就是回家后告诉婷婷："我的乖孙女哎，以后可别随便打人了，不然人家的爷爷奶奶会凶你的，奶奶可不想我的大宝贝被别人骂。"

当然，最后的结果是，婷婷喜欢打人的毛病越发严重了。

像案例中婷婷奶奶的这种教育，根本不是在帮孩子，而是在害孩子。

在某些情境中，比如孩子摔了一跤、孩子心情不好，为了避免孩子的负面情绪扩大，父母应该尽量用活泼轻松的语言跟孩子交流，让孩子能够尽快从情绪中走出来。但是在孩子犯了错误或者举动不合时宜的情况下，该严肃时就要严肃。

上述场景中，婷婷故意打人就是不对的，但是奶奶却不当回事，还以孩子小为由，不给予严肃的合理的教育，反而用漫不经心的甚至带有玩笑意味的话跟孩子讨论这件事情，既没有说出孩子错在哪，也没有告诉孩子为什么不应该这么做。

所以，家长们教育孩子，有的时候请严肃一些，不要觉得严肃了孩子就听不懂或者不乐意听。持有这种想法的家长，应该是对"严肃"存在误解，

认为就是板着脸、一本正经地跟孩子讲大道理，如果真是这样，别说孩子了，大人也反感，没有人喜欢被人一板一眼地训斥，还是一堆自己可能听不懂的话。

所谓的严肃，不是表面的严厉，而是内心的重视。

我有一次去一个同学家做客，我和这位同学还有他的妻子关系都很不错，也很长时间没有见了，所以有很多话要聊。

我们聊到一半，同学的女儿过来了，小姑娘钻到妈妈的怀里，搂着妈妈的胳膊，一个劲儿地哼哼。

"囡囡，你先去屋里玩会儿，别影响爸爸妈妈跟阿姨聊天。"同学忍不住说道。

可小孩子哪管这些，听了这话"哼哼"得更厉害了，同学刚要发火，被妻子制止了。

只见，孩子的妈妈将孩子抱起让她站在地上，然后很认真地解释道："囡囡，你也见过这位阿姨吧？阿姨每次来都会给你带很多好吃的好玩的对不对？

阿姨跟爸爸妈妈是很好很好的朋友,但是因为工作忙,我们经常见不到,所以我们有很多很多的话要说……"听到这,同学有点不耐烦,小声嘀咕道:"跟小孩子说这些有什么用,她能听懂吗?"

孩子妈妈并不理会接着说道:"妈妈现在也很想跟你一起玩,但是阿姨很快就要走了,下一次再见面也不知道什么时候了,而你每天都能和爸爸妈妈在一起,所以请你分点时间给阿姨,好吗?"

小女孩在听的期间就已经不闹腾了,听完后,居然很乖巧地点了点头,说:"妈妈,那你跟阿姨慢慢说话,我自己先玩会积木。"

这一幕让同学大吃了一惊:"没想到,说这些还真有用。"同时,也让我对孩子有了新的认知。

很多时候,父母在教育孩子时都会"偷懒",觉得这个没必要说,那个解释了他也听不懂,更确切地说,家长还是在潜意识里把孩子当作"孩子"来看待,认为很多事情不需要向他们交代明白,没必要告诉他们缘由,他们只需要听话而已,归根结底,就是对孩子的不尊重和不重视。但凡重视起来,就算事情很复杂,你也一定能够找到让孩子理解的方法。

就像上面案例中的孩子爸爸,面对孩子不合时宜的行为,他只会"命令"孩子不要这么做,而不告诉她为什么不要这么做。名义上是觉得孩子理解能力不够,说那么多没有用,实际上就是觉得没有必要告诉孩子那么多。父母们可以换位思考一下,如果一个和你亲近的人或者上司什么都不说,只是让你去做一件你当时并不想做的事情,你心里会是什么感受?你会乖乖听从吗?显然不会。但如果他告诉你这件事情有多么重要,多么难得,有什么样的好处,想必你心里的那点不情愿、不安情绪也就会消失不见了,因为在了解了事情原委的基础上,你还有了被人重视的感觉,这种感觉促使你自觉地产生一种责任感——我要把这件事情做好。

孩子也是这样，就像案例中的小姑娘，看到她的父母一直和阿姨聊天而不理她，她心里不免有些失落，所以就想求得安慰，但没想到还被爸爸斥责，这时候她的内心定是惶恐不安的，甚至怀疑爸爸妈妈是不是不爱自己了，这种情况下，如果再吼她命令她，就一定会挑起她的负面情绪，促使她大发脾气。好在妈妈了解她的内心所需。

妈妈的话让她知道了阿姨和她父母这一次见面的难得，而这"难得的交谈"还需要她的"帮忙"才能顺利进行，这就会让她产生一种责任感、成就感。同时妈妈的态度也让她知道，爸爸妈妈现在不陪她玩，并不是不爱她，不重视她。因此，她内心的不安就消失了，也就无需再用"故意不听话"的方式引起父母的注意，获得安全感。

可以说，孩子会因为父母的严肃认真、对自己的尊重和重视，而瞬间懂事起来，不再任性。

当然，父母不必事无巨细，任何事情都需要以严肃的态度对待，但是对于孩子犯错，父母务必要严肃一些，让孩子明确以下四点：一是错在哪里？二是为什么是错的？三是会给别人造成什么影响、有什么后果？四是以后应该怎么做？

这个过程中，父母也要关注孩子的情绪，不要强硬地灌输一套说辞，既晓之以理，也能动之以情，让孩子真的听到心里去，这就要求家长在教育孩子之前，能够弄明白孩子这样做的原因，大致了解孩子心中所想，就拿"打人来说"，孩子可能仅仅是觉得好玩，也可能是出于警惕，又或者孩子之间闹了矛盾，只有知道了病因，才能对症下药，只有说的话能够一下子击中孩子的心，他才会认真地听下去。

同样的，如果父母在亲子相处中犯了错，也要正视自己的错误，郑重地跟孩子道歉，不能敷衍了事，认为孩子情绪好了，事情就算过去了。

此外，当孩子在某件事情上故意使小性子时，父母也可以使用严肃的态度，就像上面案例中"同学的妻子"那样，认认真真地和孩子进行交谈。

除去这些特殊的场景，一些家长也会在某个时间听到了或者看到了事件之后，深有感触，想要告诉孩子一些道理，这时候家长就有顾虑：讲道理肯定得严肃一些，但是冷不丁地这样教育一通，他肯定更抵触，那么该怎么做呢？

有位妈妈分享过一个叫作"隔墙有耳"的方法。

一天，上班的时候我听说，公司一位同事的孩子跟着爷爷奶奶出去的时候乱跑，差点让人贩子拐走，回家之后，我就想用这件事给儿子一个警示。

我到家时，儿子正在玩积木，我知道他不喜欢被严肃地说教，于是我就把老公叫了过来，一起坐在孩子旁边。

"你知道吗？我们单位那小李他闺女差点找不着了，给孩子爷爷心脏病差点吓出来。"我说道。

"是吗？怎么回事啊？你快说说。"老公也特别配合。

"小姑娘跟爷爷奶奶出去玩，老两口千叮咛万嘱咐，让她别乱跑。可这孩子一到了街上就把爷爷奶奶的话抛到了脑后，一会儿跑那，一会儿走这的，后来就找不到了，把孩子爸爸妈妈给急的啊，爷爷奶奶也自责得不行，好在最后找着了，据说从一个陌生人手里领回来的，那人可能就是个人贩子。这要真被人贩子拐跑了，天天吃不饱睡不暖的不说，估计就再也见不到爸爸妈妈了。"

"是啊，找到了真是万幸。"

"不过，小姑娘也吓得不轻，回来后就发了高烧，本来爸妈要带着她出去玩的，也没去成。"

这期间，儿子一直在搭积木，连头都没扭一下，但我知道他肯定全都听进去了。

果然，几天后，儿子突然问我："妈妈，你那个同事的小孩，现在好了吗？能出去玩了吗？"

其实很多小孩都有"偷听大人讲话"的爱好，这种偷听有时候比你专门告诉他效果还好。若一个话题太过严肃或者你不知道怎么跟孩子开口时，就可以使用这种方法，使用时也要注意场景，最好是在孩子比较放松的情况下。

孩子成长的过程中，有一些事情需要严肃对待，开不得半点玩笑的，家长们别太低估孩子的理解能力，有时候严肃一些，他也能够听懂。

孩子有委屈,让他把"委屈"两个字说出来

浏览网页时,看到这样一个问题——假如你受了委屈,会跟父母诉说吗?下面有一个回答,很简短,却很抓心:

小时候说了可能会挨骂,长大了说没什么用,成年之后就更不方便了,免得给他们平添烦恼。

孩子受了委屈找父母倾诉,这一件看似天经地义的事情,在多数为人子女者看来却压根儿不是这么回事儿。

有一段时间,表姐经常跟我念叨儿子跟她越来越不亲了,在家里好像总躲着她。

我跟小外甥关系还不错,我就瞅准机会问了他:"为什么你跟妈妈现在这么不要好啊?"

外甥像个小大人似的一脸无奈地说道:"小姨,我跟你说这事不怪我,我是真的没有办法跟我妈交流,可能我在她眼里就是个小坏蛋吧,做什么都是错的,总是不相信我,也从来不给我解释的机会。"

我:"怎么说呢?告诉小姨呗。"

外甥:"比如有一次,我跟一个同学闹矛盾动了手,心里一肚子委屈,回家后我跟我妈说我在学校跟同学打架了,还不小心把眼镜碰坏了,结果她一听,就火了,根本不关心为了什么打架,我有没有受伤,劈头盖脸地骂道,你怎么就不学好呢,我送你去学校是让你打架的吗?去写份悔过书,以后不许这样了。其实我跟那个同学打架的原因就是因为他说了我妈妈的坏话,可是我妈不听我解释啊,这件事情过后,我就很少跟妈妈主动说我在学校的事情了。"

如果你觉得孩子从来不主动跟你聊他在外面发生的事情,那一定曾经孩子跟你交流时,你用了各种不恰当的语言、语气、表情,向孩子传递了你根本不关心也不耐烦听他说话的感觉。

如果你觉得孩子受了委屈、遇到了麻烦事总是独自忍受,不找你倾诉,那一定是某一次孩子找你诉苦后,你的做法让他觉得:"下次这种事要是让爸妈知道就惨了"。

"为什么被欺负的总是你,而不是别人?"
"被人骂了,还有脸回来讲?"
"你怎么这么笨,不会打回去吗?"
"你怎么不学点好啊,就你能耐会打架?"

妈妈们试想一下,心里本就委屈、十分无助的孩子听到这一句句来自父母的质疑、奚落该是怎样的绝望,他们将自己脆弱的心小心翼翼地交到父母手上,等来的却是冷冰冰的怀疑和责备。

第三章 蹲下来、坐地上，让我们和孩子好好说话

当然了，也有的家长可能会觉得，孩子在外面受些委屈是正常的，如果过于关注未免就有些小题大做了。的确如此，受委屈很正常，但受到委屈后，得不到需要的保护时，孩子就会变得"不正常"。

弱小无助的孩子被人欺负后或遇到了麻烦事后，出于信任和依赖，本能反应就是找爸妈，然后通过父母与他人的交涉或者仅仅是被信任被呵护的感觉，以释放心中的郁闷不快。若父母一次次将孩子拒之门外，孩子就会对父母失去信任和期待，负面感受也就无法及时释放，对于情绪调节能力较弱，尤其是心理承受能力较差的孩子，如果不能找到他人或者合适的途径帮助自己排解，后果将不堪设想。

曾经有这样一则新闻：

一个9岁小男孩，因不小心打碎学校玻璃，怕被父母责骂，经过三天漫长的思想斗争，他留下一封遗书后，便从学校高楼跳了下去。

他用稚嫩的字体写道：我知道我要受到惩罚，所以我跳楼了。

是什么导致了男孩走向极端，结束了自己待放的生命？大概就是一次次不被最亲近的人理解和关心的失落、失望，堆积到一定程度后的爆发。孩子遇到事情如果没有父母做依靠，内心会非常害怕和煎熬，当自己承受不住时，就很容易走向极端。

对比这个小男孩，儿童文学作家郑渊洁笔下的女孩梁新就幸运得多。

在学校里，小新被怀疑偷钱，在好几个学生的"作证下"，老师只好拿出撒手锏试图让小新承认错误："你要是不交代，我就通知你家长来。"

让人没想到的是，听了老师的话，小新当着全班人的面不卑不亢地说道：

"你们冤枉我,我要告诉我爸爸。"

话一出口,老师都惊呆了——他还从没见过不怕被叫家长的学生。

小新的底气,就是来源于父母的信任,不管遇到什么样的质疑和困难,她都无条件地相信,父母一定能够给自己解决问题、伸张正义。

不过,从这也衍生出来一个问题——如果孩子一受到委屈就找父母出头,一遇到事情就找父母帮忙,会不会变得越来越依靠父母,甚至于到了最后都无法独立生活?

实际上,父母给孩子的主要是精神上的支撑,这也是孩子最需要的,正**如心理学家戴·埃尔金德说,孩子们最需要知道的是,他们对父母很重要,永远都被爱围绕。**至于事情具体如何处理,看孩子年龄大小和事情的严重程度,父母要有选择性地让孩子自己解决。

如梁新一样，有最亲近的人支持信任，孩子心中就会产生足够的安全感和自信心，能够勇敢地直面所有人的质疑，我们也有理由相信，这样的孩子定会有足够的胆量面对并战胜她人生道路上的种种困难；相反，若连最亲近的人都不相信自己，孩子就失去了他最后的护甲，不论年龄多大，遇事也只会害怕逃避，惶恐而不知所措。

广西南宁一位财务管理专业的女大学生，因找工作被骗7万多，面对记者的镜头，女孩哭诉，自己濒临崩溃，既不敢告诉家人，又怕抗不过去。

这则新闻引起了众多网友的关注，在清一色的质疑声中，有这样一条评论：可以想象到她是多么的绝望和无助，可即便如此，她还是宁愿独自承受，难以想象她的父母究竟做过什么，这么不值得被她依赖……

生活中，如这位女大学生一样的孩子比比皆是，遇事、有委屈不敢说出来，更不敢告诉父母，也缺乏独自解决的魄力，只能靠自己硬抗，终有一次扛不过去时就走向了极端。

父母与孩子之间的信任，是孩子面对世界的倚仗，不仅影响着孩子在年幼时的身心发展，也直接影响着孩子为人处世的态度和方式，而这信任的维护，就从让孩子倾诉自己的委屈开始。

那么，面对孩子"有委屈"这件事父母具体应该怎么做呢？

首先，别忽视每次孩子带着害怕、紧张、疑惑的情绪向你提起的事情，不论这件事情在你看来是多么的荒诞。

这几天，女儿总叫嚷着有"鬼"。

我以为是孩子做梦或者看动画片时被吓到了，就没有太在意，只是安慰她不要害怕，并告诉她世界上没有鬼。

可女儿还是坚持说看到"鬼"了，孩子爸爸问道："那鬼长什么样子啊？"女儿说："黑黑的一团，放学路上就有。"

接下来的几天，孩子爸爸专门请了假，等孩子放学后就远远地在附近跟着她。这天，孩子爸爸告诉我，他看到女儿说的"鬼"了，是一个穿着黑衣服的男人，有时候会跟着女儿走一段路。

我听了一阵后怕。

一位教育学者曾说："如果孩子说，我不喜欢和那个叔叔在一块，那就千万别让孩子和这位叔叔单独相处。"孩子可能会信口开河，但对于一些让他感到不自在的事情，他往往是非常认真的，如果孩子主动将自己的不舒服、不确定、不高兴告诉你，你就要百分之百地相信他，给他足够的安全感，这样以后再遇到类似的事情，他就会第一时间找父母。

综艺节目《中华好妈妈》里，一位台湾妈妈讲述了至今都难以忘怀的一件事。

小时候，父母的一位男性朋友来家里做客，趁他们不在，这位叔叔欺负了她。

她跑去告诉爸妈，没想到妈妈非但不以为然，还责怪她小孩子乱讲话，说如果让叔叔听到了，会很尴尬。

这让她非常难过，从那以后，遇到任何困难都没敢再跟父母提起。

当某一次，你发现了孩子的异常，或是身上有伤，或是情绪低落，但没有主动告诉你时，要特别重视起来。尹建莉老师曾说："孩子宁愿承受痛苦，也不告诉家长,这其实就是个信号,说明家长和孩子的相处出了问题。"

这时候,妈妈要先反思自己此前是如何处理"孩子受欺负、跟同学闹矛盾、不小心犯了错……"诸如此类的事情的,找到不当之处,向孩子道歉;接着,接受孩子的情绪,引导他说出事情经过,在这过程中,做好倾听者的角色,多些同理心,多些信任,不要着急下定论,别忙着责怪,充分了解事情后再论对错。

在孩子委屈无助的情况下,即使是他的错,父母也要给予足够的理解和信任,这比一顿打骂管用得多。当然,这并不是要父母一味地包庇孩子,该批评时也要批评,但要注意方式,在批评心理学中,有一个三明治效应,即把批评的内容夹在两个表扬之中,从而使受批评者不产生抵触心理,妈妈们可以了解并运用这一效应。

总之,不管发生什么事情,一定要让孩子先将心中的委屈、郁闷说出来,让他知道,当他被欺负而害怕不安时,当他有困难而不知所措时,当他犯了错而担惊受怕时,都有一双温暖的手会牵着他走过黑暗,有一个厚实的臂膀让他依靠,给他力量,就如《麦田守望者》一书中说:

我的职务是在那儿守望,要是有哪个孩子往悬崖边奔来,我就把他捉住。

当父母成为孩子软肋的盔甲,他们才会变得真正强大。

孩子发脾气，你应该觉得庆幸

热闹的商场里突然传来一阵撕心裂肺的哭声，吸引了很多人的注意，大家纷纷侧身望去。

一个玩具店门前，站着一位直喘粗气的、满脸愤怒的妈妈，她脚下的地板上，瘫坐着一个哭成小花猫的男孩。

眼看围观的人越来越多，这位妈妈的脸上露出了难为情的神色："别哭了，快点起来回家，这么多人看你，丢不丢人。"

"啊呜啊呜，我不要，我不要，我不回家，我就要在这。"男孩扯着嗓子喊道。

"说闹就闹，说发脾气就发脾气，我还管不了你了是不是？"妈妈说着，就上去扯住孩子的胳膊，把他拉到了旁边的休息区。

这期间，孩子的哭声一直没停过。

孩子的哭闹、发脾气，对父母来说，就像是洪水猛兽，唯恐避之不及。如果像上述情景一样，孩子在大庭广众下发脾气，就更是妈妈的噩梦了。

我不止一次听到家长们吐槽发脾气的小孩是多么多么讨厌——哭个没完没了，好像别人都欠他似的；跟我吹胡子瞪眼，一点不懂事；像头倔驴，说什么都不听；嚷嚷得全世界都能听见，没理气也壮……

当然，也有很多家长对此表示担心——孩子动不动就摔东西，是不是有暴力倾向？孩子特别爱哭，是不是身体出了问题？

总之，对于孩子的发脾气，家长们一般表现出来的都是消极和抵制的态度。

但儿童心理学家却说："孩子发脾气，是父母的幸运，父母应该为此感到高兴。"

这是为什么呢？

邻居家一向乖巧的女儿妍妍突然离家出走了，这让我们周围几户人家都感到很诧异。

妍妍就是那种传说中"别人家的孩子"，聪明懂事，在学校学习上进，成绩好，在家里还经常帮父母干活。

好在报警及时，很快妍妍就被找回来了。但是小姑娘回到家后，却一反常态，见谁也不打招呼，表情十分冷漠，气色也不太好。后来看了心理医生才知道，妍妍这是抑郁症前兆。

邻居一直信奉"女孩要温柔大方，像大家闺秀一样"的教育方针，所以，她从妍妍很小的时候就告诉她，女孩不能发脾气，一定要细声细语，不能发怒。

妍妍也一直落实得很好，至少我们从没见过这孩子大声叫嚷过。

上了初中后，进入青春期的妍妍，情绪变得丰富，也有些不稳定，偶尔有控制不住的时候，可能会跟妈妈吵几句，每当这时候，邻居就会实施冷暴力，很长时间不给孩子好脸色看，之后妍妍就再也不敢轻易闹脾气了。

时间一长，压抑达到了上限，妍妍就爆发了。

喜怒哀乐，是人之常情。愤怒和快乐、悲伤一样，都是人类基本的情绪之一，而愤怒时"发脾气"和高兴时"哈哈大笑"、悲伤时"掩面痛哭"的性质是一样的，不过是表达情绪的一种方式。

每个人都会产生愤怒情绪，每个人也都会有控制不住情绪的时候，别说孩子了，就连大人也时常会吼叫两嗓子。所以，发脾气很正常，家长们之所以对孩子发脾气如此厌恶，可能是因为对这方面有过不好的印象或经历，但当我们抛开偏见客观看待时，就会发现，孩子发脾气，不尽然都是坏处。

就以上述妍妍的事件为例，妍妍因为经常压抑自己的愤怒情绪，到最后选择了极端的方式去排解，还差点患上抑郁症。

消极的情绪若是长期积压在体内，带来的危害不言而喻。从这点来看，发脾气的确不是一件坏事，也是孩子所必需的，它可以让孩子快速地将自己体内不良的情绪释放出去，减轻心理负重。

并且，这也从侧面表明，发脾气的孩子一般具备较强的自我意识。妈妈们不妨回想一下，自己很愤怒却没有发脾气是因为什么？可能是像妍妍一样害怕某个人，也可能为了讨好或者顾虑某个人的感受，总之是为了自身之外的原因而压抑自己。所以说，发脾气的孩子更自我，更懂得自爱，这样的孩子也会很有想法，不会轻易被别人左右。

另一方面，孩子发脾气，是在表达对父母的信任。

从心理学的角度来看，一个人发脾气时，正是他最脆弱的时候，因为只有无计可施时，才会将自己最糟糕的一面展现出来。

也就是说，孩子发脾气是在展示自己的脆弱和无助，看似是在向父母施压、示威，实际上却是在求救："爸爸妈妈，我心里很不舒服，我应该怎么办？"正如作家雷布斯所说："孩子冲你发脾气，是想让你走进他的内心解决问题，我们应该高兴才是。"

孩子正是因为信任父母、依赖父母，才会把自己最无助、最癫狂的一面展现给父母，因为他们在潜意识里认为，无论自己怎么对待父母，父母也不

会抛弃他们，也不会不爱他们，只有在父母面前，他们才可以肆无忌惮，才可以任性妄为。

因此，父母的确应该为"孩子的发脾气"感到幸运，这最起码表明孩子是懂得爱自己的，是信任父母、愿意跟父母交心的。若孩子连脾气都不敢在你面前发，那才是真的出了问题。

此外，还有很重要的一点，孩子发脾气的时候，正是教育的最好时机。

哈佛大学讲师、耶鲁大学心理学博士大卫·苏珊曾经提出：一个人的情商有一个非常大的决定因素，叫作情绪敏感力，情绪敏感力高者，情商往往也很高，反之，情商较低。而一个人情绪敏感力的高低，主要取决于小时候他释放情感时，父母对他的态度。

换言之，孩子情绪爆发时家长如何回应，直接影响了孩子情商的高低。

孩子在发脾气时，如果家长能够处理得当，给予正向的引导，孩子的情商就会受到积极影响；相反，如果家长处理不得当，就可能会导致孩子出现情绪、性格问题，对其人际交往产生不利影响。

演员陈乔恩就曾在一档节目上透露自己小时候不敢发脾气，因为害怕被妈妈打。这样的经历给她留下了很大的阴影，导致她很长一段时间不敢多说话，也不敢主动交朋友，以至于差点自闭。

教育学者表示，孩子发脾气时，有两种处理方式危害最大。

其一是"硬碰硬"。孩子叫嚷，你比他叫嚷得更厉害；孩子越是不想做什么，你就越是强迫他；孩子越是气急败坏，你越是拱他的火。这其实是家长们很常用的一种方式，因为孩子一发脾气，家长也会跟着暴躁起来，一不小心就会失控，和孩子较上劲。然而，这样做不仅不能解决问题，还会给亲子双方都带来伤害，并且会扩展孩子脾气的维度，使得他越来越暴躁。

其二是"冷暴力"。也就是例子中妍妍妈妈所用的方式，孩子一有点小任性，就不搭理孩子，不给孩子好脸色看。一些家长们会觉得，孩子任性、乱发脾气就是被"惯的"，与其费尽心力地哄半天，不如把他晾一边，他哭够了、闹累了，自然就会好。

的确，这样做孩子表面的情绪能够稳定下来，但是表面之下的暗流涌动却久久不会平静。发脾气时总是被冷漠对待的孩子，很有可能在某一个瞬间做出特别疯狂的举动，并且很容易患上心理疾病。

我想，大多数父母，也正是因为不知道如何应对，才会如此反感、抵触孩子发脾气。

那么，面对孩子的情绪爆发，父母究竟该怎么做，才不会错失这教育良机呢？

首先，父母要摆正自己的态度，不要被孩子的情绪牵着走。

父母们在对正在发脾气的儿子或女儿产生厌恶之情时，不妨换位思考一下，自己是不是也会发脾气，如果会，又凭什么讨厌孩子？之后，父母们可以回想一下自己发脾气时的场景，想一想当时为什么会那么愤怒——因为受了委屈、因为心里不痛快、因为事情没有按照自己预期的进行……

总之，妈妈们要明白一件事，那就是发脾气都是有原因的，孩子也是一样，你所谓的"动不动""突然间"，只不过是没有真正走入孩子的内心的托词。

然后，"帮助和鼓励"孩子发脾气。

让孩子意识到自己是在生气，接受这种情绪，并允许他发泄出来，不要阻止他。就像《休息、玩、成长：让学龄前儿童过得更有意义》一书的作者同时也是儿童心理学者的黛博拉·麦克纳马拉博士所说："**让孩子将脾气发完，而不要试图阻止孩子发脾气。发脾气本身是无害的，阻止发脾气才是。**"

当然，孩子一旦发起脾气来，就会有各种各样的行为，可能摔东西，可能大哭大叫，可能默默流眼泪，也可能是多种表现的综合，总之不乏影响别人的、不合时宜的举动，所以，允许孩子发泄之外，父母也要适当引导，让他把不好的行为替换下来。

比如有个孩子一生气就爱打人，他的妈妈引导他使用"生气 ABCD 法"，让他把生气就打人的行为，替换成生气就 ABCD 的行为：

A. 动作——闻花香

B. 动作——吹气球

C. 动作——跺跺脚

D. 工具——发泄小屋

可以允许孩子发泄，但别让他发狂。

接下来，接收孩子的求救信号，一起解决问题。

孩子发脾气的根源就是他遇到了无法解决的事情，想来想去毫无办法，那就哭吧、闹吧，这样才能引起大人的注意，或许问题就解决了。

所以父母任务就是找到这个难倒孩子的事件，然后将其合理解决。不过这并不简单，有的时候这个事件在明面上，但是很难解决；有的时候，事情虽然很容易解决，但又很难被发现。

第一种情况，就是孩子和父母产生了分歧，父母想这样，他偏想那样，这时候找到一个两全其美的办法才能解决。

第二种情况，就是孩子自身或者跟其他人出现了问题，比如饿了、困了、病了，他自己表述不清或者不愿意说出来，这时候就要注意观察孩子在脾气发作之前的征兆，是不是已经表现出不耐烦，对什么都不感兴趣，垂头丧气，或吵着要他没有的某种东西等，再不行，就一点点慢慢问，引导孩子说出来。

现在我们以开头"商场哭闹"的男孩为例，将上述过程整合：

男孩情绪将要发作或者发作的一瞬间，男孩妈妈首先要做的就是不能让自己的情绪跟着孩子走，他一哭你就烦躁，他一生气你更气，这只会让事情迅速"恶化"。

接着可以跟他说："你现在很不舒服对不对，不要一直沉浸在你的不舒服里，也不要刻意地排斥这种感觉，你可以哭一会，也可以在妈妈的包包上捶上几拳，没关系的，只要你能觉得好受点（可以抱抱孩子，抚摸孩子的背）。"而不是告诉他："你看这么多人，你在这闹就是丢人。"

孩子发泄过后，情绪就会平缓很多，妈妈就可以开始寻找并解决问题了。

从描述的情景来看，导致孩子发脾气的原因可能是与妈妈产生了分歧——他想买玩具，但是妈妈不让买，也就是上面提到的第一种情况。

妈妈可以说："现在不那么难受了吧，妈妈知道你很喜欢那个玩具，但是它真的太贵了,而且家里有好几个差不多的,如果你还是想要,妈妈倒有一个办法,现在妈妈可以给你50元,每个月还会给你零花钱,这些钱都是你的,你想怎么花就怎么花,只要你攒够了,就可以把那个玩具买下来。"

孩子发脾气让父母心烦,就是因为他们还不具备控制调整情绪的能力,不能够成熟地处理这种感受,在这过程中往往会做出特别失控的行为。

所以,父母要想彻底摆脱这种烦恼,就要让孩子学会合理表达自己的情绪,很关键的一点就是,让他学会将自己的感受准确地说出来。

每次孩子发脾气时,等他的情绪淡了一些,可以尝试问一些能用"是或不是"回答的问题:"爸爸不让你买冰激凌,会让你感到很难过吗?"

"小朋友没经过你的同意就把玩具拿走了,你感到很生气是不是?"

用简单、准确的语言来反映并描述情感,会教给孩子明确自己的感受,让孩子通过不断的练习,做到用词汇而不是用行为来表达感受。

当然了,发脾气是很主观且不易控制的行为,有的时候,上述方法没有作用也很正常,必要的时候,父母可以使用"情绪管理工具"(下面的章节会提到),先帮孩子物理降压,并且如果孩子过于暴躁、喜欢使用暴力,还是建议家长们找专业人员咨询。

最后,希望每个发脾气的孩子都能在父母的爱中收敛起张牙舞爪的模样,在父母积极的指引下,坚定平和地成长。

第四章　放开手，你并不会失去孩子

孩子摔倒，千万别比孩子先哭出来

小区里大家庭不少，每天午间、傍晚或者周末就有很多小朋友在大人的陪同下出来玩。

周六的一天，我正聚精会神地在花坛边上赏花，突然背后传来一声尖叫把我吓了一跳："慢着点，我的小祖宗，摔到你了可怎么办？"

我扭头一看，原来是一个走路不太稳的小女孩要下台阶，奶奶看到后，在后面大声提醒了一句。

"也不用这么小心翼翼吧。"我在心里默默吐槽道，"别再吓得孩子都不敢走路了。"

我刚说完，就看见那小女孩停住了脚，脸上带着害怕的表情，眼睛直勾勾地看着奶奶。在犹豫了一下伸了伸脚后，还是放弃了，站在原地伸开了胳膊等着奶奶把自己抱下去。

"让你小心点，怎么还不走了呢，你个小懒蛋。"奶奶一边宠溺地说着，一边把孙女抱下了台阶。

那台阶，我又走近看了看，真的非常矮。我摇摇头刚要感慨道，又被旁边的一场"事故"吸引了过去。

原来，台阶的另一边，一个小男孩摔倒了。

应该是摔得不重，小男孩不仅没有哭，脸上还有一丝笑容，我看向他时他正在"扭动"着身体想要自己爬起来。可正在这时候，不远的地方跑来一个年轻的女人，她一边疾步快走，一边喊道："宝贝别怕，妈妈来了。"到了孩子跟前，她一把将孩子从地上揽起抱进了怀里，哭着说道："都是妈妈不好，妈妈没看好你，让你摔了，一定很疼吧。"男孩看妈妈哭了，不明所以，只能收敛了笑容帮妈妈擦眼泪："妈妈，不疼，一点都不疼。"这一说，女人哭得更厉害了，男孩也跟着难过了起来，好像是他惹了妈妈不高兴。

在小区里散步时，我经常会看到这样的场景，孩子在前面跑，家长在后面紧跟着招呼，生怕孩子不小心磕了碰了。一旦孩子出了一点意外情况，家长们就跟热锅上的蚂蚁似的，孩子没什么大事，他们倒先急哭了。

父母关心孩子，在意孩子的安危很正常，但是真的没有必要太紧张，过度的干预和强调反而不利于孩子成长。

一方面，孩子只有通过自己不断探索不断试错才能获得实质意义上的成长；另一方面，"慢着""小心点儿"这种口头禅式的提醒并不能带给孩子实质性的帮助，父母紧张、害怕的情绪也只会制造出不安全的氛围，影响孩子对外界的感知和认识。

哥廷根大学精神病科神经生物学教授格拉德·许特指出，**各种形式的不安全、害怕和压力都会在孩子脑中形成极易扩散的不安和刺激因子，这种刺激及其所导致的混乱会对大脑产生深刻的影响，导致孩子无法调用已经获得的知识，也无法学习新的能力。**

这种家长和孩子的相处模式其实也反映出了中国亲子关系中一个很常见的问题，叫作分离失败，这也是导致亲子焦虑产生的一个重要原因。

分离失败一般较多出现在孩子身上，比如在该断奶的阶段，孩子对母乳的依恋；刚步入学校阶段，孩子对母亲的依赖等。当然，分离失败更多的是指心理状态，行为只是外显的表现之一。而如今，分离失败却越来越多地出现在父母身上，父母常把孩子看成自己的"自体客体"。

自体客体，是科胡特提出的概念。"我"把另外一个独立的他人，当成"我"的一部分来使用，这里的他人就是我的自体客体。这种情况下，"我"就会借助"他人"来满足我自身的需求，扩展自己的功能，即温尼科特所说的"客体使用"。

也就是说，父母不把孩子看成是一个独立的个体，而把他们当作自己附属品或者工具，然后借助孩子来满足自身的需求，达成自己的目标和愿望，填补自己曾经的遗憾，就像《小欢喜》中英子的妈妈对英子说的那番话："妈妈最爱的就是你呀，自从你到妈妈肚子里，妈妈就没跟你分开过。妈妈从来没有觉得，你已经离开妈妈的身体了。英子，你是我女儿，你是我最重要的人，咱俩的人生理想，应该是一样的啊。"

父母将对自己和孩子双重期望，完全寄托于孩子身上，这时候，只要期望实现的过程稍有一点儿偏差，带来的焦虑就是成倍的。

父母把孩子当成工具，忽略了他们有生命有思想的事实，就会想要他们完全按照自己的想法去生活和学习。当孩子做得达不到父母标准或者想要摆脱父母的控制，为自己而活时，父母就会觉得事情发展脱离了自己可控制的范围，因此就会产生焦虑，而孩子在父母的压制和自身独立意识的共同作用下，既不想辜负父母，又不想亵渎内心，因此也会出现焦虑情绪，如此，就会形成一个恶性循环，父母越想控制孩子就越焦虑，越是焦虑就越会给孩子施压，过重的压力使得孩子也会更加焦虑。

打破这个循环的关键就在于，从源头上切断父母与孩子之间这种不合理的关系。

作为父母，要知道自己和孩子是分开的独立的两个人，你的思想，你的愿望，你的目标，你那些未尽事宜，是你自己的事情，和孩子没有直接的关系。换个角度来说，你的人生已经充满遗憾，为什么还要孩子重蹈覆辙？时代在不断发展，受限于我们自己的认知水平、知识积累、眼界、经验和能力，我们认为对的东西，未必就是对的。倘若我们就以为，自己所知道的就是完全正确的，那么，孩子的成就也绝对不会有多高。因为，我们自己也不过如此。

那么，具体应该怎么做呢？

首先，从孩子出生起，父母特别是妈妈，就应该弄明白一件事情，那就是孩子并非你的所有品或者附属品，他是一个生命，一个独立的个体，以后还会成长为一个有自我思想的人，而你也不可能陪伴他走完这一生。

其次，了解孩子的心理发展历程，在对应的时期给予恰当的爱。

美国著名心理发展学家埃里克森以自我的矛盾为依据，将儿童心理发展分为了四个阶段。

第一阶段（0～2岁），信任感对怀疑感。这一阶段，是孩子接触世界的初始，孩子大脑中仅有一点生活常识，也不具备什么能力，他对自己本身以及所接触到的事物很容易产生信赖感，比如会对熟悉的面孔或事物会做出反应，或微笑或手脚舞动等，但与此同时，当他处于不熟悉的环境或者在熟悉的人、物远离的情况下，就会产生恐惧怀疑的感觉。

所以，这一时期，对于孩子妈妈要做到"尽心呵护"，尽量陪伴在孩子身边，要离开时给予安抚，另一方面可以逐渐安排识物、阅读、普通话学习等活动以及使用固定流程培养其独立排便、自觉入睡等习惯。1岁以后，孩子的模仿能力逐渐增强，这一时期，父母要格外注意自己的言行举止。

第二阶段（2～4岁），自主性对羞怯或疑虑。这一阶段，是孩子对世界有了初步认识后，开始的自我探索时期，他们会对外界的一切产生强烈的好奇心，想要自己尝试去做一些事情，比如走路的时候会摆脱妈妈的手，吃饭时不让妈妈喂等，但同时也会对自己不够自信，会展现出不稳定的情绪，这种种表现也常被家长们看作是"幼儿叛逆"。

从这时候开始，妈妈们对孩子就要有"适当放手"的心理准备了，不要拒绝他的尝试，可以在他周围施以保护，但不要束缚他的手脚，更不能以消极的方式评价他的主动行为或使用体罚。比如孩子要自己吃饭，结果勺子都拿不好，饭吃不进嘴里，这时候妈妈千万不要一把夺过勺子，说你看你自己不行吧，还是让妈妈喂吧，而应该告诉孩子如何拿，并鼓励他直到把饭吃进去；当孩子要自己走路下台阶时，妈妈可以在孩子身后默默保护，不要吓唬他，更不能直接拒绝，倘若孩子不小心摔倒了，妈妈也不必过于担心和自责，千万不要比孩子先哭出来。

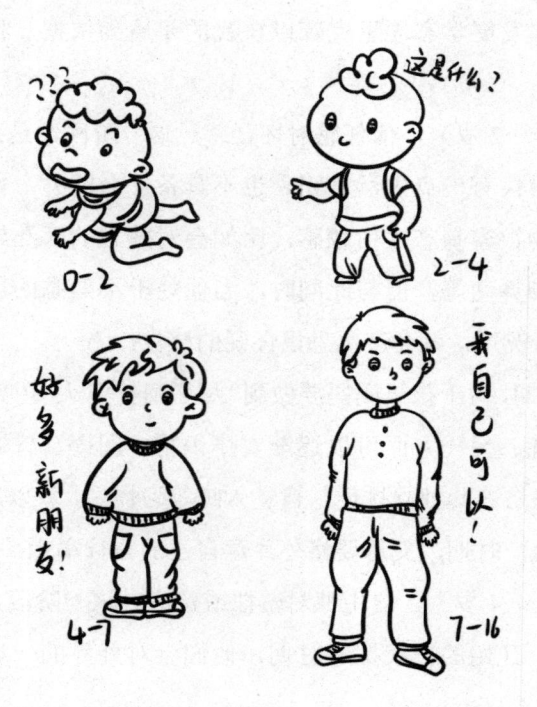

第三阶段（4~7岁），主动性对内疚感。这一阶段正是孩子刚刚步入学校生活时，他的周围不再只是爸爸妈妈，有了更多的同龄人，随着身体活动能力和语言的发展，他们探究的范围也在进一步扩大，比之前更渴望自主行事。

这一时期，妈妈们应该鼓励孩子的好奇心，允许他在适当的范围内探索，如果过于干涉，孩子就会认为自己要做的事情是不对的，进而产生内疚感，如此探索精神和好奇心就会被压制。简单来说，妈妈尽量不要干预孩子与同龄人之间的社交，不要对他保护得太好，多尊重孩子的意愿，允许他自己做一些决定。

第四阶段（7~16岁），勤奋感对自卑感。这一阶段是孩子身体、心理快速发育的时期，也是最为渴望独立的时期，如果他们在一些事情上如学业方面有所成就，就会获得勤奋感，这也是他们对今后的生活和工作信心的来源，反之，则容易产生自卑心理。

这一时期，妈妈们最应该做的是发现孩子优点，尽力引导，不要向孩子的学习施加过大压力，多关注孩子的心情，留给他足够的个人空间。

总的来说，育儿就是一个渐渐放手的过程，一旦违背了这个规律，妈妈的爱就成了孩子的烦恼。父母之爱，伴随着孩子的成长成熟，最终该是得体的退出，就像龙应台在《目送》中写的那样："所谓父女母子一场，只不过意味着，你和他的缘分就是今生今世不断地在目送他的背影渐行渐远。你站立在小路的这一端，看着他逐渐消失在小路转弯的地方，而且，他用背影默默告诉你：不必追。"

关心但别控制，孩子自己知道冷不冷

下班路上，碰见一对母女在路边说话，妈妈表情严肃，女儿一脸不情愿。

妈妈开口道："我算是管不了你了，让你穿个外套怎么这么费劲呢？"

女儿深吸一口气："我都说了我不想穿，我不冷，而且我也不喜欢那件衣服。"

妈妈从严肃变得不耐烦："别提什么喜欢不喜欢的，小孩子知道什么……"

女儿一听妈妈这句话，瞬间爆发了："为什么不能提，我已经长大了，我有自己的想法，也有自己的喜好！"

妈妈的怒火也燃烧了起来："好，那我就告诉你，你全身上下都是我给的，我让你怎么样你就得怎么样！"

就这样，母女俩在大街上旁若无人地吵得不可开交。

最后的收场是，女儿在妈妈滚滚落下的眼泪和声声"不孝顺"的控诉中妥协了。

在旁悄悄地目睹了一切的我，不由得联想到自己，脑海里蹦出了那句话：果然，全世界都是同一个妈妈。而从这个小事例中，我们可以引出父母对待孩子的两种状态——关心和控制。

上文中的妈妈本意是怕孩子冷,出于关心,想让女儿穿上外套,但是随着女儿的拒绝,我们会发现,妈妈的关心似乎变了质——她在意的已经不再是孩子冷不冷,而是听不听她的话。

关心和控制,一步之遥,产生的影响却是巨大的,父母的关心可以让孩子感受到被爱,而控制却可能成为孩子一生的梦魇。

国外曾有一则这样新闻,引发了很多人的关注——一位父亲因逼迫自己的女儿连续13小时吃蔬菜,被妻子告上了法庭。

这位父亲既不是生活不如意者,也没有犯罪记录,相反还是个高学历的社会精英,只是有着强烈的控制欲。

事情发生在加拿大魁北克省,据当地媒体报道,晚饭期间,父亲让女儿把盘子里的蔬菜吃完,女儿说自己不喜欢吃。

遭到拒绝后,父亲非常愤怒,随即规定女儿:把盘子里的菜全部吃完,否则就不能离开餐桌。

女儿也十分倔强,就是不肯屈服,父女俩足足僵持了13个小时。这期间,女儿尿湿了裤子,冻得浑身发抖,最后还发了烧,但是父亲依然不为所动,坚持不让孩子离开餐桌半步:"必须把蔬菜吃完,我这是为你好。"

最后,女孩实在撑不住了,只好含着泪水将盘子里已经凉透的蔬菜往嘴里塞。吃完后,女孩开始呕吐不止,见此状,父亲才允许她上厕所,上床休息,但看到盘子里还有些剩余后,这位父亲又立马变脸说道:"等睡醒了接着吃,一点不许剩!"

第二天,女孩的妈妈就把丈夫告上了法庭,最终,这位父亲被判非法监禁、虐待儿童罪,入狱四个月。

当然，这是一个较为极端的例子，但是像这位父亲一样以爱之名控制着孩子的父母却数不胜数，他们往往以关心为由头，以控制为目的，打着爱的旗号，做着伤害孩子的事情。

一般情况下，有着强控制欲的父母一定是自己的人生有所遗憾，想借由孩子获得圆满，因此就会千方百计地将自己的想法灌注到孩子的大脑，控制孩子的人生，使其变成自己期待的那样。你的人生孩子替你过了，那么孩子的人生呢？父母们应该扪心自问：总说为孩子好，孩子真的好了吗？

心理学研究表明，父母过度控制孩子，不仅会造成孩子抑郁、焦虑、怯懦、做事拖延、回避，甚至还会发展成为抑郁症、强迫症等心理疾病，严重时还会出现自杀行为。

控制型的父母通常会对孩子抱有极高的期望，这就使得孩子会产生巨大的压力，长期如此，就会出现两种结果：一方面，为了"讨好"父母，孩子就会不允许自己失败，一旦达不到标准，就会产生强烈的自我批判，进而变得焦虑、抑郁；另一方面，当达到承受极限时，孩子就会崩溃或自暴自弃，完全不再理会父母的要求。

而在高压下，孩子也会产生较多的负面情绪而无处排解，就可能会导致两种情况：一是内耗，即将情绪发泄在自己身上，感到痛苦和纠结，或产生内隐行为问题，如社交退缩、上瘾；二是外攻，即通过攻击他人、物进行发泄，如对他人实施暴力、虐待小动物、故意搞破坏等。

英国伦敦大学学院的研究人员做过一项研究，结果显示，儿童时期被父母过多限制行为、干涉隐私的人，长大后独立性较差，依赖性较强，幸福指数较低。

第四章　放开手，你并不会失去孩子

个人自治❶是个体获得人生经验，独立自强的前提，而在控制型教养方式下成长的孩子很难有自主行为，也就很难形成自治，这样就会导致其长大后缺乏独立性，处事缺乏决断力，无法对自己负责，这样的人在父母之外也很容易被他人操控，毫无个性和活力，总是麻木地、机械地服从。

如心理学家李雪说："一个身体只能承受一个灵魂，如果父母的控制密不透风，孩子实际上已经精神死亡。"

目前，"控制型"父母一直是年轻人热议的话题之一，很多人把自己人生的不幸归咎于父母的控制，也有人在为了逃离父母的掌控而绞尽脑汁，但现实中的父母们却往往是有较强的控制欲而不自知，心里始终认为是为了孩子好，是关心孩子，如果不把孩子管得严一些，他学坏了怎么办？做了违法乱纪的事情怎么办？

实际上，父母控制是家长在教育活动中经常用以控制和管理孩子的较为稳定的行为方式，由多个维度和要素构成，有多种模式分类，目前相关的研究倾向于将其分为两种模式，心理控制和行为控制。

心理控制是指试图控制孩子情绪和心理、抑制或妨碍独立感发展的父母行为，主要包括限制孩子自我表现、收回关爱、引发内疚等，如有的父母对孩子两副面孔，若孩子按照他预期的去做，就会笑脸相迎，关怀备至，一旦孩子违逆他的意愿，就马上变脸，实施冷暴力；还有的父母十分擅长"孝顺绑架"，当孩子不按照自己的要求去做时，就会用"不孝""为了你我受了多少苦/牺牲了什么"等说辞让孩子愧疚，进而让他们顺从。

行为控制是指试图管控和管理孩子行为以及在物质世界中活动的父母行为，如通过制定规则和施加限制来控制孩子的自由，包括规定回家的时间、

---

❶ 清洪榜《戴先生行状》："君子之自治也，情与欲，使一於道义。"自治，指修养自身的德性。个人自治，即个体在按照个人意愿行事的过程中提升自我，获得实践经验，通过自我导向寻求人生的价值和意义的一种状态或能力。

外出需要得到允许等。

一项有关父母控制测量的研究显示，父母心理控制容易引发青少年不良的发展结果，如受到情绪困扰、消极的自我评价，而适当的行为控制则能诱发青少年适宜的发展结果，如减少违纪行为，但过度的行为控制也可能导致儿童更多的情绪障碍。

上文提到的两个案例中，妈妈让女儿穿外套起到主导作用的是心理控制，而爸爸让孩子吃蔬菜则是变态的行为控制。毫无疑问，这两种行为都会对孩子造成负面影响。

亲子关系中，父母对待孩子应做到关心但不控制，所谓关心即为恰如其分的控制，可以适当使用行为控制，但要摒弃心理控制，既不能将孩子囚禁在牢笼中，也不能任其野蛮生长。换言之，大多数事情上，父母应该从孩子的意愿出发，顺应孩子的情绪，但在某些事情上，父母有义务也有责任控制孩子的行为。

对于衣食住方面的问题，实行只问不管的策略，当然是在孩子具备这方面的能力之后，尤其是穿什么衣服、穿得多还是少、有没有吃饱之类的问题，出于关心，父母可以问，可以建议，可以唠叨，但别强迫，孩子真的知道自己饿不饿、冷不冷！就算他们故意在说谎，也只有吃亏了之后才能长记性。

对于回家时间、作息时间、玩游戏时间，家长有必要规定，但这最好结合"时间管理"进行，如果只靠硬性要求，可能达不到预期效果还会适得其反。

对于人际交往方面，家长应该适当告诉孩子一些辨人做事的经验，不过最好别掺和孩子和同龄人之间的正常交往。

对于学习方面，父母千万不要追着问，可以旁敲侧击，可以适当询问，但不要每次和孩子交流都跟成绩、名次有关。

总之，对孩子的管教要建立在关心的基础上，专制教育或许可以培养出

成功的孩子,使之成为别人眼中的人生赢家,但却会让孩子形成蜷缩的生存姿态,在潜意识里否定自我独立的价值,认为没有了父母,自己就无法生活。

控制和强迫也许会让孩子少走弯路,但却会让孩子对父母产生恨意和疏离感,无法真正成长,真正获得快乐。

纪伯伦有段经典的话:"你的儿女,从根本上来讲并不是你的儿女,他们虽然借助你来到这个世界,却并非因你而来,他们和你非常亲密,却并不属于你,他们是生命对于自身渴望而诞生的孩子。**你可以给予他们的是你的爱,却不是你的想法,因为他们有自己的思想。你可以庇护的是他们的身体,却不是他们的灵魂,因为他们的灵魂属于明天,属于你做梦也无法到达的明天。你可以拼尽全力,变得像他们一样,却不要让他们变得和你一样,因为生命不会后退,也不停留在过去。**"

小孩子打架转眼就和好，大人千万别掺和

孩子打架虽常见，对于家长来说，却也是个相当棘手的问题，不掺和怕孩子受伤，掺和了又怕多此一举，使简单的事情复杂化。

一般情况下，小孩子之间的打架多是发生在共同做一件事情的过程中，或是"玩笑式的打闹"，或是一起玩游戏、一起讨论某件事情而产生的意见不合，矛盾来得快，去得也快，这时候，家长们最好不要掺和。当然这里所说的打架，并非一方完全挨打，另一方完全施暴，而是双方都有挨打和动手的行为。

通常，家长们的"掺和行为"可以分为以下几类：

- 简单口头制止或拉架，但不深究；
- 为彰显公平，先批评自己的孩子；
- 呵斥、吓唬对方的孩子；
- 联系对方家长，要求道歉或赔偿；
- 对方家长在的情况下，一起干预，互相说教自己的孩子。

家长害怕孩子受伤，从而制止打架，出发点是好的，但好心不一定办好事，"掺和"有时候不仅不能够达到"劝架"的目的，还容易激发孩子的逆反心理，使得"打闹"演变成真的打架，也有可能破坏孩子之间的友谊，甚至伤害两

个家庭的关系。

小煜从学校回来时，脸上带了一点伤，正巧被最心疼他的奶奶看到，小煜告诉奶奶是课间和同学玩时不小心蹭到的，没什么大事，但奶奶却不依不饶，非要小煜说出是谁弄的，小煜只好说出是被经常一块玩的兰兰抓伤的。尽管小煜再三说没事，但奶奶心里气不过，第二天就风风火火地赶到学校，找到小煜班主任，让他打电话叫来兰兰的家长。

在奶奶的要求下，兰兰向小煜道了歉，事情算是平息了下来，但从那之后，兰兰再也不找小煜玩了，两家关系也再不复从前。小煜心里不由得埋怨起奶奶来，在他看来，脸上那点伤真的没什么，之前他还曾拽过兰兰头发呢。

本来两个孩子间的小打小闹，经由奶奶一掺和，升级成了两个家庭的矛盾，孩子的友谊没了，两个家庭也有了隔阂，很简单的一件事，最后却以如此不美好的结局收尾。奶奶这一举动，真是得不偿失。

其实，很多时候，家长眼中的打架，对孩子来说未必是真的"打架"，只是有肢体接触的嬉闹而已。特别是低龄儿童和男孩子之间，经常前一秒还互称是好兄弟，转眼就"厮打"在一起，这种情况，家长掺和往往适得其反。

有时候家长们不仅不应该随意掺和孩子打架，还应该让孩子"学会打架"。

一方面，孩子的打架，其实可以看作是坏情绪的一种宣泄方式，调节矛盾的一种手段，尤其是低龄儿童，他们语言表达能力有限，遇到解释不清、不被朋友理解的情况，不免着急上火，情急之下就会选择打架来"说服"对方，打完了，坏心情就没有了，芥蒂也就消失了，感情会比之前更加稳固深厚。

另一方面，孩子如果不会或者不敢打架，可能就会成为被欺负被霸凌的对象，这并不是要家长传授给孩子打架秘诀或者教给孩子"以暴制暴"，而

是要让孩子具备保护自己的意识和能力，不要逆来顺受，不要过于软弱。

家长们应该正确认识孩子在人际交往中的打架行为，不要戴着有色眼镜看待，其实小孩子的打架也是有好处的。

如日本教育学者认为，打架能培养孩子的同理心，当双方都被打时，都会感到痛，这样由自己的痛就会想到对方也会有同样的感觉，同理心就产生了。由此，孩子们还可以意识到，暴力是无法解决问题的，甚至还会使问题恶化。

国内儿童教育专家冯德全教授也表示，通过打架孩子可以逐渐适应集体活动，并从中学到很多实用性知识，比如怎样调节情绪、如何避免激怒对方、怎样互相谅解、如何求和等。

那么，这种嬉闹式的打架是不是家长就一定不能掺和了呢？也不是，孩子打架本来就是一个非常主观的事情，有很多不确定性的因素，家长们也要视情况而定，不过即使要管，也不能直接介入其中，还是以引导为主，换句话说，孩子的矛盾要让他们自己解决，家长要做的就是根据孩子的心理适时引导事情的走向。

第四章　放开手，你并不会失去孩子

周末，孩子的姑姑加班，照看两个小孩的任务就落在了我的身上。

儿子和他的小表姐，两个小孩关系还不错，能玩到一起，但是小孩子的脸也和六月的天一样，有时候是说变就变。

餐桌上，小表姐买了个漂亮的小蛋糕对着儿子炫耀，由此，两个孩子开始了他们的"攀比"大战。

儿子说："我旅游的时候，吃过一个蛋糕，可好吃了，上面还有一个钢铁侠，比你这个好看多了。"

小表姐不甘示弱："你那算什么啊，我和妈妈去土耳其的时候，还吃过上面带着五颜六色小球的蛋糕呢，哼！"

"我去加拿大的时候……""我去云南的时候……"两个孩子你一嘴我一嘴，谁也不肯认输，不过儿子明显占了上风，小表姐傲娇地噘着嘴，眼睛里写满了不屑，我只好打断了刚要说话的儿子："你看，你知道姐姐不知道的东西，姐姐也知道你不知道的，世界这么大，每个人都有自己的见识呀。"

听我这么说，两人才消停下来，但事情远远没有我想象得这么简单。

回到家里，儿子率先坐到沙发上拿到了遥控器，看起了他喜欢看的动画片，小表姐肚子里还窝着火，气呼呼地说自己不想看这个，边说着就去抢遥控器，瞬间，两个孩子就扭打在了一起，可能是浓厚的情绪使然，一开始下手就不轻，我本想上去拉架，但转念一想，小孩子之间打闹，大人还是别掺和了，况且我一直都是这么做的。

然而，这架愈打愈烈，眼看着都要拿"武器"上场了，我怕他们下手没轻重，真打出个好歹来，只好出面制止了。

孩子间起冲突很正常，但有时候事情的发展也可能超出预期，走向不可控的局面，这时候家长为了孩子的安全考虑，是有必要介入的，总之，家长的"不掺和"要建立在孩子不会受到大的伤害之上,不过,家长也不要过于谨小慎微。

小表姐心里的气没撒出来,转身去了厕所,将门关上大哭了起来。儿子也没好到哪里去,胳膊上被拧红了一块,红着眼睛一直揉。见这情势,我知道他们只是暂时息战,只要厕所门一开,战火又能瞬间燃起来。

于是我就大声说道:"我知道你们两个心里都很委屈,弟弟说话没有考虑到姐姐的感受,伤害了姐姐,姐姐因为不高兴就抢弟弟的遥控器,两个都没有错,打架也打成了平手,姐姐被弟弟锤了几拳头,弟弟被姐姐拧红了胳膊,谁也没有吃亏。"

这一番话,虽然是大人的"劝架",但并没有批评或者站在某一个孩子的角度,而是持中立的姿态,也就是说,这位妈妈虽然劝架了,但并没有搅和到事情里面,只是根据孩子的心理,说了一番两个人都能听得进去的话,让他们明白当前所处的状况。

果然,我说完之后,两个孩子的情绪都平复了不少,尤其是小表姐听到弟弟的胳膊被拧红了,哭声小了很多,说话也不再是叫嚷着了,过了一会儿,就主动从厕所出来了。

睡觉前,儿子的气已经全消了,耐不住寂寞的他主动找小表姐示好,但小表姐似乎还是有点情绪,不过并没有拒绝,只是说自己要睡觉了。

第二天,两个小朋友又像之前一样恢复了友好关系,仿佛昨天的"大战"根本没有存在过。

第四章 放开手,你并不会失去孩子

别看孩子年龄小,对于自己的朋友圈,他们也是有着一套独特的相处法则的,看似毫无规则,实则有迹可循,依据的正是孩子们的天性,如果父母横加干预,就会破坏其效用。

小表姐走后几天,儿子跟他的好哥们之间似乎也有了危险信号。

我下班回来走到门口,看见儿子正在和他的好哥们大宁互相推搡,儿子说:"我今天不想跟你玩,你快走吧。"

见儿子这么没礼貌,我又想说教一番,但以往的经验让我压制住了这个冲动。

这时,大宁又推了一把儿子:"你推我干什么啊,我站这又没在你家里。"

我虽然有些担心,但还是没有插手,进了家门。进去一看,儿子的另一个好哥们浩子也在,正盯着电脑兴致勃勃地打游戏,见我进来了说了句:"阿姨好,××(我儿子名)怎么还不过来啊。"

我说:"你好,我帮你去看看。"

我再次走到门口,只听见大宁说:"好吧,那你就把我所有的好友都删了吧,以后咱俩不玩了。"

儿子说:"不行,就今天不玩,以后还要玩,刚才我推你了,我道歉,但是真的求求你了,今天就别找我玩了。"

大宁脸色有点难看,转身走了。

几天后,我问儿子那天为什么跟大宁闹矛盾还动手,儿子很惊讶:"没有啊,我们什么时候闹矛盾了?"直到我详细地描述了那天的场景,儿子才想起来:"妈妈,那不是闹矛盾,我那天不跟大宁玩,是因为浩子要转学走了,我要陪浩子打游戏,但是浩子又不喜欢大宁,所以我才拒绝让大宁进来的。"

"原来如此,那你现在跟大宁还玩吗?那天我看大宁很伤心的样子。"

我问。

"我们好着呢,那算什么啊。"儿子得意扬扬地说道。

"小孩子还真有一套。"我心里感叹着,同时也庆幸自己当时没有插手。

还是那句话,面对孩子打架,家长们最先要做的就是假装看不见,交予他们自己处理,别怕孩子吃亏。在有安全隐患的情况下,家长要做的就是拉开,但别评判对错,更不要批评任何一方,让他们各自消化一下情绪,这个过程中家长最应该做也只能做的就是看见和理解孩子的情绪,始终站在中立的位置,不要带着情绪,必要的时候可以说一番话进行安抚。

如教育学者尹建莉所说:"对于孩子打架,家长们在保证道德和安全的底线内,应做到'三不原则',即:不生气、不介入、不怕吃亏。"

当然,我们上述所说的内容都是基于孩子之间正常的人际交往而产生的打架,故意报复、校园霸凌等情节严重的恶性打架不包含在内,若孩子遇到这种情况,家长在安抚孩子的前提下,要立即报告学校和相关部门,予以解决。

第五章　你心疼孩子，孩子也在心疼你

孩子帮你干活，推辞的结果是害了孩子

电影《丘奇先生》中有这样一个片段让我印象深刻：

清晨，女主人公小夏从睡梦中惊醒，听到厨房有声响，她带着疑惑推门一看，发现六岁的女儿小伊正站在凳子上，一手拿着勺子，一手扶着桌子上的器皿，在不停地搅拌着什么。

她没有打断女儿，也没有责问为什么她身上全是黄色的面粉，更没有着急收拾一片狼藉的厨房，而是露出了一个大大的微笑，眼神里满是欣慰。

看到妈妈的笑容，小伊兴奋地说道："我会做煎鸡蛋和煮玉米粉了，就像丘奇先生教我们做的那样。"

"看起来真好吃，谢谢。"小夏走进来，抱着女儿的头轻轻亲了一下。

"谢谢夸奖，那你能帮我们摆下餐桌吗？"小伊对妈妈说道。

"当然可以，我去拿盘子，你一个，我一个。"说着小夏取了两个盘子过来，然后关注了下女儿的进度，"你现在是在放调料是吗？需要奶酪吗？"

小伊点了点头，抓了把奶酪放了进去。

整个过程她们都很快乐，彼此的眼睛里都是满满的爱意。

这对母女的相处，让人觉得温馨舒服，对此也有不少人调侃道："这就是别人家的妈妈，换了我妈你试试。"的确，同样的场景，如果换成现实中的中国妈妈，呈现出来的画面大概是这样的：

"哎呀，小祖宗你干嘛呢，看弄得衣服上哪都是，脏死了。"
"你还小，这事不是你做的，你不会，一边玩去。"
"一天天净给我找事，你看你整得乱七八糟的。"
"待着别动，让妈妈来。"

生活中，或是出于安全考虑，或是不想为孩子"顽劣"的后果负责，父母对于孩子的主动帮忙，总是忧多于喜，常常以"你还小，别给我添乱"来拒绝孩子的好意。

然而，就是这样一句在家长看来微不足道的推脱之词，在孩子的心中却能激荡起阵阵波浪，潜移默化地影响着他们的行为性情。

周末，我在家里打扫卫生，又是洗衣服又是拖地，可十岁的女儿在一旁悠哉悠哉地吃着零食，玩着手机。

"你就不能帮帮妈妈吗？"我没好气地说了一句。

女儿看了我一眼，接着又低头玩起了手机，仿佛我是透明的一般。

见状，我的火气直蹿头顶，伸手将女儿的手机夺了过来。

"你干什么！"女儿尖着嗓子对我喊，"你不是嫌我给你添乱，说我越帮越忙吗？"

我怔了一下，是啊，这些话我是对女儿说过。

她五岁的时候，看见我在洗衣服，就伸手想要帮忙，被我拒绝了："乖，你还小。"

她六岁的时候，有一次我在做饭，她想帮我端碗递盘，还是被我拒绝了："妈妈正忙着呢，你乖乖坐好，别给我添乱。"

她七岁的时候，想帮我拖地，结果弄得哪都是水，我看到后还批评了她："不会就别捣乱了。"

她做得不好的时候，她想尝试的时候，我没有给她机会，如今，她有能力去做好的时候，却再也不会主动去做了。

原来，女儿不主动帮我，是我的错。

很多家长都会把"孩子尤其是低龄儿童主动帮你干活"看作是故意捣乱，实际上不然，主动帮父母干活或者为了父母而尝试一件从未做过的事情，对孩子来说，是一种爱的表达方式，也是一种探索世界的方式。

第五章　你心疼孩子，孩子也在心疼你

当孩子看到辛苦了一天的父母还在做饭时，看到父母生病躺在床上时，他们想都不会想就会冲上去帮忙，也许他们做不好，也许他们压根不会，但他们想为父母分担、心疼父母的心却是真的。

而在孩子想做很多事情却什么都做不好的时候，也正是他们对这个世界最为好奇的时候，他们想要通过自己的力量去做自己没有做过的事情，去认识自己不知道的事物。

当孩子带着强烈的好奇心和对父母的爱，全神贯注地投入到一件事情中时，不管做得好与坏，在他心目中，这都是神圣的，是令人期待的，如果这时候家长用积极的情绪去回应他，他就会觉得成就感爆棚，会感觉到来自这个世界的善意，相反，如果父母总是拒绝或者以消极的情绪回应，他就会感到深深的挫败感，他会认为自己什么都做不好，没有人需要他，就连他最信任的父母也不能理解他，**这种感觉将削弱他的满腔热情，削弱他的自信、勇敢，让他变得冷血无情、冷漠自私。**

对此，有一位妈妈就深有体会。

干活的时候不小心划破了手，血顺着手指一直往下流。

我顺手扯了一团卫生纸，裹住了伤口。这时候，我看了眼儿子，他还在聚精会神地看手机，丝毫没有注意到他的妈妈受伤了。

"儿子，你帮妈妈拿来消毒液和纱布，妈妈的手受伤了，很疼。"

儿子眼睛都没抬一下，"妈妈，你自己去吧，我在上网课呢。"

"可是，妈妈的手在流血，我必须用另一只手攥着，没有办法拿。"我解释道。

"那你等一下，我看完就给你拿。"儿子依然轻描淡写地回答，仿佛我就是一个无关紧要的人，我有些生气："妈妈受伤了，流了很多血，网课一

会再看不行吗？"

"就一会儿，你就等一下嘛。"儿子还是坚持不挪窝。

"算了，我自己来吧。"儿子的话让我心寒，这比手上的疼还要强烈百倍。

费了一番周折我终于找到了需要的东西，自始至终，儿子一句关心的话都没有，包扎伤口的过程中，我就在想，这还是我的儿子吗？辛辛苦苦养大的孩子在妈妈这么需要帮助的时候居然如此冷漠，究竟是为什么呢？这样想着，我就开始反思自己过去的教育是不是出现了问题。

回想起过去种种自己和丈夫受伤生病的场景，似乎都没有儿子的参与。有一次，大概是儿子四岁的时候，我生了病，儿子主动要帮我端水拿药，被我拒绝了："你还小，会把杯子打碎的。"儿子听了就到一旁玩去了。

不仅如此，生活中的很多事情我们也都没让孩子帮忙过，孩子主动要帮也是被我们拒绝："儿子，学习比什么都重要，妈妈不需要你帮忙，你去看书吧。"渐渐地，孩子就越来越少主动提出帮忙了，而我们也都没注意到，到后来，我们主动邀请孩子帮忙时，他就开始拒绝了，当时我们却认为是孩子还小，不用在意，于是就造成了今天的局面。

这样看来，的确是我们的教育出了问题，怪不得孩子。

在你需要帮助的时候，孩子没有出手，或许并不是孩子太懒惰，也不是他太冷漠，而是你曾经的拒绝，让他觉得你不需要他的帮忙，他周围的一切没有他的参与也可以正常运行，**你在孩子小的时候拒绝了他的给予，孩子长大了也就没有了给予的意识。**

如赏识教育倡导者周宏所说："没有种不好的庄稼，只有不会耕种的人，没有教不好的孩子，只有不会教育的父母。"孩子身上的坏，很多都能从父母身上找到原因。

所以，请别推脱孩子的主动帮忙，如果孩子做得实在太糟糕了，你可以积极参与其中，给他一些建议和鼓励或者和他一起做；如果孩子做的事情有安全隐患，你可以保护在他的周围或者提出一件不危险的事情和他交换；如果孩子把周围搞得乱七八糟，你可以在事情完成后邀请他一起收拾打扫并告诉他，自己做的事情要自己负责。

如果你已经拒绝过孩子的帮忙，发现他变得像上文的孩子一样冷漠无情，又该怎么办呢？别急，让我们跟着那位妈妈的步伐，帮孩子一起扳正过来。

从那之后，我开始有意识地找儿子帮忙。

比如做家务的时候，我时常主动要求儿子帮忙递一下抹布、挪一下东西、接一下水；逛超市、逛街需要拎东西时，我也会递给儿子一些让他帮忙；做饭洗碗的时候，我也会让儿子擦桌子、丢垃圾甚至洗菜。

刚开始，孩子肯定是拒绝的，但是家长一定不要怕麻烦，一定不觉得"指使他还不如我自己做了省事"。这种情况下，有一个非常有效的方法尤其对于妈妈来说，那就是"装弱、装可怜"，告诉孩子自己真的需要他的帮忙，否则这件事情就完成不了，当孩子觉得自己是重要的，被需要了，他就会愿意伸出援手，如果经常这样，孩子渐渐地就会有帮忙的意识了。

现在，儿子已经乐于并经常主动帮忙了，也没有那么冷漠了，有时候他还会热心地帮助陌生人。

当孩子想要凭借一己之力为你做点什么时，不要只把目光放在七零八落、一片混乱的表象上，要看到背后隐藏着的孩子的孝心和爱意，不要轻易拒绝他。

孩子很爱你，只是他也不会表达

亲子关系中，我们常常下意识将父母当作付出的一方，把孩子当作被爱的一方，父母永远是无私奉献的伟大形象，而孩子则一直处于被动接受、索取的位置。

但事实上，孩子和父母是双向付出和索取的关系，孩子对父母也有着深切的爱，只是很容易被人忽略、不理解甚至被认为是"捣乱"，这是因为他们付出的、表达爱的方式和大人不同。

作家刘继荣《白色风信子》一书中，有这样一个故事。

幼儿园熙攘的门前，一位妈妈牵着女儿的手，在和老师交谈。

老师踌躇着说出了女儿在学校的表现：音乐课嘴巴闭成一枚坚果，舞蹈课总比别人慢半拍，就连玩游戏也总缩在角落，而且这些天，她控制不住自己的食量，常常吃到胃疼还要添饭。

显然，女儿的表现让妈妈脸上无光，恰在这时，一位家长从旁边经过似笑非笑地看了女儿一眼，妈妈顿时觉得尴尬至极，对女儿也没由头地生出一股恼意。

回到家，女儿又期期艾艾地想要妈妈教她些什么，而妈妈又累又恼，躺在床上压根没有理会她，女儿就开始自己摆弄起来，终于，妈妈被刺耳的噪音惹怒，冲着女儿吼道："你给我滚出去。"

女儿被妈妈的怒吼吓得缩到了墙角，半天才瑟瑟地问道："妈妈，如果一个人把自己的手杀了，会死吗？"妈妈气不打一处来，起身正要发火，却被眼前的一幕惊呆了——女儿满手是血，还拿着一把水果刀。"老天啊，你给我的这是一个什么孩子啊？"妈妈心里嘶吼着，但还是忍着怒火，带着女儿去了医院。

从医院回到家时已经很晚了，妈妈接到了女儿老师的电话，老师的声音有些着急："我今天晚上一直在跟您打电话，这件事要是不告诉您我会内疚得睡不着觉的。"

"这是今天从你身旁路过的那位家长告诉我的，他的孩子跟您的女儿是好朋友，他的孩子告诉他，他有个好朋友经常拼命吃很多饭，她不是傻，也不是贪吃，而是因为她知道妈妈上班很辛苦，她吃多些才不会经常生病，也会快快长高长大，可以帮妈妈分担辛劳。"

"您的孩子还说，"老师有些哽咽，"妈妈最爱吃苹果，她一定要学会削苹果。"

听到这，妈妈早已泣不成声，回想着女儿的种种表现，才知缘由。

其实，现实中也有很多孩子跟案例中的女儿一样，他们会按照自己的想法，为父母做一些事情。为了看到妈妈的笑容，他会捏着鼻子喝下讨厌的汤药；为了让妈妈高兴，他会吃下自己不喜欢的食物；为了给妈妈一个惊喜，他会学着做超过自己能力范围的事情。他甚至会撒谎，会隐瞒，会忍受，尽管方式不对，尽管这些事情从大人的角度来看可能"很蠢""很难以理解"甚至是"无理取闹"，但却是孩子对父母毫无保留的爱。

很多时候，孩子都不善于表达，但当父母有需求有困难时，他们就会毫不犹豫地站出来。

一位妈妈为了拍短视频，在吃饭时突然伸筷子将女儿碗中的一块香肠夹走了，女儿愣了一下。就在大家包括这位妈妈都以为女儿会哭的时候，她却做出了让人出乎意料的举动——站起身将碗中的香肠全都夹进了妈妈的碗里。

国外一位妈妈，在圣诞夜时故意吃了送给女儿的糖果，并告诉女儿自己很喜欢，见状，三岁的女儿边哭边把糖果掏出来放到了妈妈手上。

"即使我很喜欢，但妈妈想要，我就会给她。" 孩子对父母的爱，远超过父母的想象，在父母不曾留意的地方，孩子一直在用他的方式悄悄宠爱着父母。

可以说，孩子对父母的爱一点也不亚于父母对他们的爱，甚至比父母的还要多，还要深。当然，我们并不是否认父母对孩子爱和付出，但是妈妈们

第五章　你心疼孩子，孩子也在心疼你

请想一想，你在为孩子付出时，没有过期盼和要求吗？

父母之爱很少刻意索取，但往往会伴随着殷切的期望，希望孩子能够以懂事、乖巧、学习好等作为回报，也是因为此，当孩子做出一些不符合大人期望的行为时就会被贴上各种消极的标签，不听话、任性、不讲理、不体谅父母……随着孩子长大，**父母还会越来越多将期望、情绪加于孩子身上，不自觉地随着孩子的表现好坏来决定他们爱孩子的程度。**

而在孩子心中，尤其是年龄较小的孩子，父母就是他们唯一的依靠，因而他们对父母的爱是不留余地的，是绝对纯粹的，**他们不会因为父母的样貌、性格、身份、地位等外在的附加条件去决定爱父母的程度。**

网络上曾有一个很火的母子相互评分测试：当妈妈们被问道，如果满分是 10 分，你会给你的孩子打几分时，她们给出的答案五花八门，有 5 分、有 6 分、也有 8 分。

而当孩子们被问道给妈妈打几分时，他们不约而同地给出了 10 分。

父母会根据孩子的种种表现，有的时候甚至不去深入了解，就为他们扣上坏小孩的帽子，为他们规定各类"好孩子"的标准。

而在孩子心中，父母生而完美。

很多妈妈也会有这样的经历：孩子不听话，被你训哭了，结果小家伙一边给自己擦眼泪，一边逗你开心，见你笑了，他就会说："妈妈你笑起来真好看，我好爱你哦。"孩子不听话，你一时气急打了他，他却一边撕心裂肺地哭，一边伸着手要抱抱。

这不是因为他们傻，而是因为他们想从父母那里得到爱，更想将自己的爱给予父母。孩子的世界很单纯，他们往往比大人拥有更宽广的胸怀，更容易原谅父母给自己的伤害。

也正是因为这种不对等的情感回应或者说父母对孩子情感的不珍惜，导致孩子对父母的爱随着年龄的增长而逐渐变质，这也是为什么如今很多年轻人想要逃离原生家庭，对父母既爱之心切又恨之入骨。

所以，请父母们多用点心思去发现去感受，正视并认真对待孩子的爱。

首先，对待孩子的行为，要以鼓励为主，批评中也要夹杂着称赞；当孩子做了你不能理解的"傻事"时，别忙着嘲笑，更不能发火，从孩子的角度，从他的周边，去了解去探查；别拒绝孩子的善意，用笑容去迎接他为你做的每一件事情，哪怕是端来的一杯水，递过来的一个苹果。

其次，可以适当引导孩子用不同的方式表达爱。

这就要求父母会表达爱，相关研究表明，父母表达爱的方式，影响着孩子的人际交往和未来的幸福指数。比如，有的父母喜欢用攻击和伤害的方式表达对孩子的爱意，即所谓的打是亲骂是爱，以爱为出发点，但以贬低、嘲讽、辱骂、暴力等为实施手段，这样环境下长大的孩子，在对待他人时也会采用同样的方式，很容易被群体厌恶和孤立。

妈妈们应该明白，爱就是微笑、赞美、安抚、理解、支持……一系列正面的积极的语言或举动，"打骂"即使冠上"爱"的名义，给孩子带来的也是无法抹去的伤害。

多和孩子说"我爱你"。在几千年社会文化氛围的影响下，中国人爱的表达向来含蓄，尤其面对亲人，"我爱你"这句话更难以启齿。

曾经有一个叫《幼儿园》的纪录片，其中进行过一次简单的采访，被采访者是几个寄宿在幼儿园的孩子。

首先是一个男孩，记者问："你在什么时候会说我爱你呀？"

男孩咬着手指，一脸茫然："我不知道。"

"那你说过'我爱你'吗？"记者又问。

男孩又摇了摇头。

到第二个孩子，记者问："你有没有听过妈妈说我爱你啊？"

孩子眼睛盯着地面，面无表情地说了句："没有。"

"那你想对谁说我爱你啊？"记者又问。

"我不知道。"孩子害羞地笑了。

接着是第三个孩子，记者问："你会对谁说我爱你？"

小孩有点嫌弃的表情："我不好意思说那个，太恶心了。"

整个采访下来，这些孩子给我的感觉是"羞涩""胆怯""迷茫""迟疑"，仿佛回答的是一个无比沉重的甚至是羞耻的问题。虽然节目没有再邀请一些常被父母表白的孩子受访，但我相信，如果是这些孩子回答同样的问题，他们一定是满脸幸福的笑容，自信大方地跟记者分享自己和父母的点点滴滴。

语言交流和肢体接触一样是维护情感的重要途径之一，充满爱意的语言，不仅能让孩子感觉到幸福，也会让他成为一个充满爱且乐于"说爱"的人。如果你实在说不出来，用文字表达也是不错的方式。

近代思想家、政治家梁启超有九个子女，个个成就不凡，梁启超的育儿之道也因此成为世人探究的典范。

和传统的中国式父亲不同，梁启超的父爱从不缄默，他经常会向孩子表达自己的爱意。他曾在家书中如此写道："你们须知你爹爹是最富于情感的人，对于你们的爱情，十二分热烈……"

  经常向孩子"索取"爱。如果担心无法识别孩子对你爱的表达，不妨换被动为主动，时常向孩子要求一些事情，比如累的时候，让孩子给你按按腰捶捶背；在做家务的时候，让孩子帮帮忙你；遇到不开心的事情时，向孩子寻求安慰，当然，别忘了在每次要求之后，都要加上"爱你""谢谢你""你真棒"，让孩子知道自己是在付出爱，并且这爱能被父母感受到。

  我始终认为，父母和孩子相处时应该抱着学习和感恩的心态，不要潜意识地把自己放在"说教者""领导者"的身份里。对于孩子而言，世界是未知，但对于父母而言，孩子又何尝不是未知的？

  韩剧《请回答1988》中女孩德善的爸爸对女儿说道："爸爸我也是第一次当爸爸，我的女儿请体谅一下。"

  他是第一次为人子女，你也是第一次为人父母，父母与孩子的相处，谁没有比谁更懂，谁也不是谁的老师。所以，对孩子多些宽容，对自己多些反思。

  作家刘瑜说："我想，父母是要感谢孩子的，是孩子让他们的虚空有所寄托，让他们体验到生命层层开放的神秘与欣喜，最重要的是，让他们体验到尽情地爱——那是一种自由，不是吗？能够放下所有戒备去信马由缰地爱，那简直是最大的自由。作为母亲，我感谢孩子给我这种自由。"

  看上去，好像孩子总是在不断索取，实际上父母从孩子身上得到的更多，如《美国儿科学会育儿百科》一书中所写：无条件的爱、绝对的信任、发现的快乐、情感的巅峰，这些都是孩子带给父母的礼物。

和孩子吵架，孩子其实比你还内疚

父母和孩子闹矛盾、吵架是很平常的事情，在多数人的印象里，这样的情景之中，父母往往会因为情绪过于激动而做出伤害孩子的行为，比如使用不恰当的言语，甚至辱骂、打骂孩子。

因此，我们常会有这样的想法和感受：每次和孩子闹完别扭，父母总会特别自责和内疚。

事实也的确如此，不过我们包括作为当事人的父母都忽略了一个重要的事情，那就是和父母吵完架后孩子的感受。

其实，很多时候，和父母吵完架，孩子比父母更难受，即使他们没有做什么过分的事情，即使父母做了伤害他们的事情。

餐厅里，一位妈妈在和她的儿子吃饭。

小朋友看起来也就四岁左右的样子，很是活泼好动。吃饭期间他一直嚷着要番茄酱，妈妈就给他挤了一点放在盘子里。他一边用手蘸着吃，一边手舞足蹈的，一个不小心把妈妈的白裙子弄脏了。

本就有些生气的妈妈气得大吼大叫起来，她一吼，孩子就开始大哭，孩子越哭她越生气，一着急扇了孩子一巴掌。

然而，面对这样"凶神恶煞"的妈妈，小朋友一边哭，竟然还一边伸着手求抱抱。

上述场景中孩子的举动让人着实心疼，也不禁让我沉思：妈妈都已经这样对他了，他为什么还要追着妈妈要抱抱呢？

从父母那里寻找爱、寻求安全感，是孩子的本能，尤其在他们小的时候，他们只会也只能从父母那里获得安全感，因为他们没有别人可以依靠，可以信赖。他们不高兴的时候、害怕的时候、受伤的时候、无措的时候，第一时间想到的就是父母，例子中那个被妈妈训斥后、打骂后的小男孩就是这样，尽管伤害是妈妈给的，但是不安的情绪，会促使他更加地靠近妈妈，渴望妈妈的怀抱，更加的向妈妈示好，从妈妈那里获得安慰。

父母越是骂孩子，越是生孩子的气，孩子越是害怕，就越是想从父母那里寻求安慰。

也正是因为这种本能，孩子在无助之外，还会自责，产生深深的内疚感。

面对因为生气而狰狞的父母时，孩子心里会想，那个温柔的妈妈去哪了？那个总是抱我亲我的妈妈为什么不见了？

找不到原因的他们，就会将责任揽在自己身上，肯定是我刚才太不听话了，妈妈才会变得这么恐怖；肯定是我做得不够好，妈妈才会这么不开心；肯定是我做错了事情，妈妈才会不理我……

我们不妨想象这样一个场景，假设一个母亲打了孩子一巴掌，可能没多长时间孩子就已经全然忘怀，甚至主动找母亲求和示好；但如果一个孩子惹恼了母亲，孩子不来道歉，母亲可能好几天都不会搭理孩子。

因为对父母深深的依赖，孩子会变得格外宽容，他不仅不会去想父母的过错，还会一股脑地找自己的原因，他害怕父母会因此不理他，害怕父母不

第五章 你心疼孩子，孩子也在心疼你

再对他微笑，不再亲他、抱他。

父母越是凶孩子，越是不理孩子，孩子越会自责，越是觉得自己做错了事情，就越是会小心翼翼，想着怎么讨好父母。

这几天，我发现小侄女总是满脸忧虑地躲着她的妈妈。出于好奇，我拉住她问了个究竟。

小侄女本来支支吾吾的，在我的再三催促和保证下，才开口说道："就前两天，我和妈妈大吵了一架。"

"为什么呢？"我追问。

"其实，也不是因为什么大事，总之我现在意识到自己的错误了。"小侄女低着头说道。

"那你为什么总是躲着妈妈呢？跟妈妈认错不就好了？"我又问。

"我也想啊，可是我这几天看妈妈见到我总是冷着脸，肯定是因为我所以心情不好，如果我这时候再去跟她说话，会不会惹得她更不高兴呢？"原来小侄女有这么多的顾虑啊。

"你这小丫头，小小年纪心里装的东西还不少，放心吧，妈妈肯定会很高兴你去主动认错的。"

"真的吗？"

"当然。"

父母会因为孩子表现得不好，而去吼他们怪他们，但孩子却不会因为父母的态度不好，而不爱父母，相反，他们还会想方设法地去靠近父母，求得父母的原谅。

生活中，我们常常会看到这样的情景：一看到妈妈生气，孩子就会着急

得不行；妈妈凶孩子时，孩子自己哭着也会想法逗妈妈开心；妈妈越让孩子走开，孩子越是黏着妈妈。

可以说，孩子的爱要比父母的爱更纯粹更热烈。

也正是在这样的爱的作用下，很多时候，父母的不高兴不快乐甚至不舒服的状态都会让孩子感到内疚。

曾看到过一个短视频：

视频中一个四、五岁的小女孩，声嘶力竭地哭喊道："爸爸，你不要再加班赚钱给我买奶粉了，我不要你这么辛苦，就让我饿死吧！"

因为觉得爸爸每天那么累的工作都是为了自己，所以她很内疚。

在孩子的世界里，他希望每一个他爱的人都能幸福快乐，过着美好舒适的生活，但现实往往不尽人意。孩子因为年龄小，对很多事情都不能形成客观的认识，甚至根本不知道到底该如何理解，于是当他无法为这种"不尽人意"找到合适的理由和原因时，就会将其归咎于自己，认为他们都是为了自己才会变成这样。

同样，跟父母吵架的孩子，感受到父母有负面情绪的时候，潜意识里会把这种情绪归咎于自己的身上，进而产生内疚情绪。

可能，也会有家长感到疑惑，孩子那么小，能知道什么，怎么会产生内疚感呢？

作为一种在自我道德评价过程中产生的道德情绪，内疚感的产生年龄范围极为广泛。

每个人，包括孩子都有自己的道德伦理标准，当自己的行为甚至意识违背了这个标准的时候，内疚感就产生了。

研究表明，人在四五岁的时候，就有了内在控制的迹象。所谓内在控制可以简单理解为良知的形成，而促成良知形成的一个很重要的因素就是内疚感的产生。

儿童心理学领域有一个关于内疚感的实验：

实验人员挑选了多名不同年龄的小朋友，让他们进入一个房间，这个房间里放了各种各样的玩具和一只关有仓鼠的笼子。实验人员告诉孩子们，看住笼子里的仓鼠，不要让仓鼠跑掉，孩子们欣然应允，之后实验人员离去。

然而，在"看管"仓鼠的过程中，由于玩具的吸引，几乎所有的孩子都把注意力从笼子上移开了一会儿。当他们转过脸来，笼子里的仓鼠就不见了。这时候，孩子们都产生了不同的反应。

通过观察和分析孩子们的反应，研究人员发现：**4 岁开始，孩子有了内疚感的萌芽，5～6 岁时，内疚感进入"高速发展期"**。也就是说，四岁以上的孩子在做错了事更确切地说是认为自己有错的情况下，就会出现内疚的感觉。

而在面对与父母相关的事情时，由于亲情和道德的超强作用力，孩子更容易产生内疚情绪。

作为人类常见的一种情绪情感，内疚有着十分重要的意义。内疚感是一种因为相信自己做了错事或不道德的事而自我责备的痛苦感觉，包括焦虑、紧张、不安等一系列不愉快的体验。

对于身心尚未发育成熟的孩子来说，这种痛苦会给他们留下更为深刻的感受，于是在未来的生活中为了避免这种不良体验，他们会更加注意自己的言行举止，以使自己尽量少地犯错或触碰规则和标准，而这，对孩子良好道德品质的形成以及责任心的发展有很大的促进作用。

心理学研究表明，"不舒服"的记忆会让孩子在做出某些行为之前先对自己的行为进行评估，从而有效地抑制冲动行为的产生，这对于孩子自控能力的提高有很大帮助。

但是，这一系列正面的影响是基于"正常的内疚感"之上，换言之，不正常的内疚感，带来的将会是一系列伤害。

孩子和父母吵架，有错的一方不一定甚至大多时候都不只是孩子，如果孩子因此总是产生强烈的内疚感，且不被人察觉，久而久之，孩子的性格形成、思维方式等都会被这种感觉左右，比如变得敏感、习惯于放低姿态、总是聚焦于自身的缺点或者错误等，对孩子的成长会产生消极影响。

每一次和父母的唇枪舌剑、针锋相对都会在孩子幼小的心灵上留下一道难以愈合的伤口，伤口每多一道，亲子关系就会多一条裂痕。所以，希望妈妈们尽量不要和孩子吵架，平常多做些有益身心的运动，多了解一些情绪方面的知识，注意控制好自己的情绪。

如果没控制住和孩子吵了架，冷静下来后，不管是谁的错，妈妈都应该了解和安抚孩子的情绪，不要认为只要一方示好这件事就翻了篇。就拿上面

"番茄酱"事件来说,妈妈冷静下来之后,首先是向孩子道歉,告诉孩子自己不应该打他,其次要问孩子当时是怎样的感受,比如妈妈生气时你是不是很害怕啊?你是不是很难过啊?让孩子将他的感受说出来,然后妈妈可以适当地指出孩子的不当之处,告诉他"妈妈也不想生气,但是你的举动让妈妈不知道该怎么办才好,所以才会跟你吵架,以后妈妈一定会注意的。"最后,告诉孩子,你永远爱他,不会不要他。

和父母吵架后,孩子的自责是出于对父母的爱,也是源于安全感的缺失。希望妈妈们能够多关注孩子的情绪,在享受爱的同时,也给予孩子更多的安全感。

不要总是标榜辛苦，你不说孩子也知道

电视剧《最好的我们》中，品学兼优的少年余淮有一个总是以"牺牲者形象"自居的妈妈。

她总是对自己的儿子说："你爸爸远走他国辛辛苦苦地挣钱，我节衣缩食，好几年不买一件新衣服，你以为我们愿意这样吗？我们这都是为了你啊。"

在她看来，丈夫出去工作是为了余淮，自己不买新衣服穿是为了余淮，所有的一切都是为了余淮，而余淮只有尽百分之百的努力，好好学习，好好工作，才能报答父母的养育之恩，不枉费父母如此辛苦。

在这样沉重的压力下，余淮很多时候都焦虑不安，成绩稍有退步，心里就会产生强烈的内疚感。

也正是因为如此，每逢重大考试，余淮都会发挥失常。后来，高考失利的余淮因无法面对自己的失败，就断去了和所有同学、朋友的联系，独自去了其他城市复读。

原本，对于父母的付出，余淮可能更多的是体谅而非内疚，但妈妈的"牺牲者"言论，让余淮不得不将他们的辛苦和不快乐全都归咎于自己，觉得父母是为了自己才会这样不幸福。与此同时，妈妈还将整个家庭的命运和父母

的希望全都堆砌在余淮身上，这让他无法客观地面对失败，无法轻松地生活，越是这样，在面对重要的事情时，余淮越是紧张，越是会出错。

如此，余淮总是生活在内疚之中。因为每当事情办得不好，也不管是不是自己犯的错，余淮都会把责任揽在自己身上，觉得父母都那么辛苦了，自己却不争气，实在对不起父母。

这种内疚感就是非常不正常的，父母生活的不如意是多种原因造就的，不应该一味地让孩子买单，孩子可以心疼父母，尽自己所能帮父母分担，但没必要将这些完全怪在自己身上。

确实因自己的过错而产生的内疚感，随着对错误的认识和改正，会减轻并渐渐消失，但被强加在身上的内疚感，因为没有特定的弥补途径，因此很难被消解掉。

适当的内疚感所促使的行为或许可以使过失有所补偿，但持续的内疚感并不能给彼此带来实质的好处，还会带来一系列糟糕的影响。

然而在现实生活中，"余淮妈妈"却有很多，她们总是将"为了孩子"挂在嘴边，常常跟孩子抱怨生活是多么的艰难，无时无刻不在标榜自己的辛苦。

我曾经跟一个常在孩子面前"哭穷"的妈妈吃过一顿饭。

那天，因为她带着儿子，我们便一起去了快餐店。当服务员将东西端上来时，我就听她跟孩子说道："这东西这么贵，要不是因为你，我们怎么会来这？咱们家里本来条件就不好……"

"吃饭的时候，别说这些。"这话我听了都有点不舒服，于是赶紧出言制止了。小家伙听到妈妈这么说，吃东西的动作慢了下来，眼睛还时不时地瞟向妈妈。

后来，我跟这位妈妈单独聊天时就这件事给出了自己的建议，希望她不

要总是在孩子面前表露出"赚钱辛苦,家庭条件不好"的态度,这对孩子没有任何教育意义,还会促发孩子的自卑心,影响他的价值观念。

但是这位妈妈有点不以为然:"就是得让他知道钱来得多不容易,他才能早点懂事。"

一些妈妈特别是生活条件不那么优渥的,普遍持有这样的想法,总觉得只有自己一遍遍跟孩子强调生活多么不易,孩子才能理解父母的辛苦,进而发奋图强,将来有所作为,孝顺父母。

其实,妈妈们完全不必如此。孩子年龄虽小,却有着强大的感受力,尤其是面对亲近的人,孩子能真切地感受到他们的喜怒哀乐。很多时候,你的付出即使不说出来,孩子也能看得到,更能感受得到。

孩子是天然爱父母的,出于这种爱,本身孩子对于父母生活的艰辛和不如意,就会自然而然产生一些愧疚感,这促使他们更加乖巧,更加勇敢,更加充满奋斗的力量,更加努力学习。但若父母一再强调自己的付出,反而会增加孩子的负担,削弱孩子的自信心,对孩子的人格形成以及未来发展造成不利影响。

长期生活在强烈的难以排解的内疚感中的孩子，到最后往往会呈现出两种状态：

第一，成为一个痛苦的内耗者。

他们从小习惯于看"父母的脸色"行事，长大后也会习惯性地去讨好别人，因为在他们的标准里，别人在跟自己相处的过程中出现了负面情绪，就是自己的错。他们压抑着自己的情绪，压抑着自己的需求，不敢追求理想，不敢违背父母的意愿，但与此同时，他又会觉得这样的自己是个彻底的失败者，这样的人生毫无意义，每天生活在煎熬与纠结中。

第二，成为一个彻底的逆反者。

当身体内父母给予的负能量积累到一定程度后，孩子就会将父母视为仇敌，处处跟父母反着来，父母让好好学习，偏不学；父母让好好找个工作，偏不找，或者三天两头换工作，混一天算一天。这类人还会在某些方面非常放纵自己，如纵酒、纵性、纵食，过量满足自己的欲望，实际上潜意识是在报复父母。

这两种类型的人看似完全相反，其实根本存在的问题是一致的，那就是他们的人格是破碎的，是不完整的。

奥地利心理学家、精神分析学家弗洛伊德曾于"心理动力论"中提出过精神的三大部分，即本我、自我和超我。

本我是人潜意识下的状态，包含着人各种最原始的欲望，是无意识的、混乱的、非理性的；超我是人的理想状态，具有自我监控、抑制本我冲动、追求完美的作用；自我则是处于前两者之间的状态，既调节着本我，又受到超我的管制。简单来说，本我是人的本能，超我是人的理想化目标，本我与超我是相互对立的，而自我是二者冲突时的调节者。

被妈妈用"内疚感"左右的孩子，因为承载着父母过深的期待，所以他的本我和超我是完全分离的。换言之，他的本我是自己喜欢的状态，而超我则是父母希望的样子。

人的超我和本我越是接近、融合，人格就越完整强大，人就越自信舒适，相反，如果人的超我和本我越是分离、对抗，精神就越分裂，人就越容易自卑痛苦，甚至彻底颓废。

所以，妈妈们千万不要刻意地用语言或行为加深孩子的内疚感。妈妈们也许会觉得委屈，我那么辛苦说一句还不行了？那要是孩子真的不体谅我们的时候又该怎么办呢？

首先，妈妈要明确一点，亲子之间，并没有谁亏欠谁，你所有的不痛快不高兴都是来源于你本身能力和期望的差值。

其次，不要妄图使用引发内疚感的方式感化叛逆的孩子或者控制孩子的行为，这是非常愚蠢而且没有意义的行为。尹建莉在《好妈妈胜过好老师》中说过："**在习惯养成中，如果经常让孩子有不自由感和内疚感，他就会在这方面形成坏习惯；相反，如果总是制造孩子的主动性和成就感，他就会在这方面形成一个好的习惯。**"

如果你觉得你的孩子不能很好地体谅父母的辛苦，可以这么做：向他倾诉你的辛苦，但不要说这都是为了你，而要告诉他你这么累的意义：因为努力工作才能赚到钱，有了钱我们才能买漂亮的衣服、可口的食物，才能走进美丽的校园和小朋友们一起玩耍和学习……

如果你的孩子不管家里的经济状况，总是向你索要零花钱，你可以这么做：根据经济状况列出自己一周或者一个月能给出的零花钱范围，然后将这些数额的钱交给孩子，告诉他："孩子，妈妈赚的钱是有限的，妈妈一个月可以最多拿出 50 元给零花，再多的钱妈妈也没有了。妈妈答应你，每个月会专门给你留 50 元，至于这 50 元怎么分配，由你自己来把握。"

作为父母，你不必把自己塑造成一个牺牲者、付出者的形象，在脑海里将"为了孩子"当成吃苦受罪的第一宗旨，等到自己心情不好、身体不舒服时，再苦大仇深地对着孩子一通牢骚。

看到你过得不好，孩子本就会内疚，如果你再将这种"不好"放大，孩子就会被内疚吞没，前者出于爱，后者却会演化成恨。

还记得前不久的一则新闻，一个小男孩放学之后乖乖在学校门口蹲着写了两个小时的作业，等妈妈下班来接他。当记者问及原因时，他说，妈妈在医院里工作，每天都特别辛苦，他不能为妈妈做什么，只有不让妈妈担心。

我想对妈妈们说，你的辛苦，你的不愉快，孩子真的可以看到，不必再刻意强调。或许，孩子对你的爱让你很难察觉，但不要怀疑，更无需通过什么去证实。

生活中有很多让人泪目的瞬间：

狂风暴雨中，一个小男孩因为害怕妈妈的坐垫被打湿，就俯卧在电动车上遮雨；左右摇晃的吊桥上，一个自己都走不稳的男孩，却勇敢地在前面牵着妈妈走了过去；幼儿园的逃生演习中，一个孩子跑到操场后，因为担心妈妈在家里有危险而崩溃大哭……

这些感动，都来自孩子，孩子对父母的爱才是真的"润物细无声"。父母不开心的时候，他们会跟着难过；父母为了生活四处奔波时，他们会心疼；父母生病时，他们会着急害怕……

人们常说，父母对孩子的爱无私伟大而不张扬，孩子对父母的爱又何尝不是这样？

第六章　控制自己，做一个不吼不叫的妈妈

别把你的焦虑,带到亲子关系当中

有人说,一个女人,不管她之前是多么地潇洒纯粹、没心没肺,一旦做了母亲,就会跟"焦虑"离不开,更有人断言,现代社会中没有不焦虑的妈妈。

薇妮斯蒂·马丁在《我是个妈妈,我需要铂金包》中说道,从进化的角度看,由双亲单独照顾孩子是很不寻常的近代才出现的现象。对于毫无经验却仓促上岗的妈妈来说,她不得不在巨大的生存压力下再面对一个全新的世界——育儿,毫无疑问,这对任何一个女性而言,都极具挑战性,可以说,全世界的妈妈都有着一样的焦虑、恐惧和欲望。

亲子关系中,妈妈的焦虑主要来源于自身的工作、社交等压力。看过这样一个小故事:

一个女人下班之后,匆匆往家里赶,电梯里,她无意间瞟见了镜子里的自己。

那是怎样的一个形象啊?

头发凌乱、眉头紧锁、面容憔悴,眼角向下耷拉着,活活像一个深宫怨妇。

"这样的脸,真让人不舒服。"这样想着,女人脑海里开始回放前些天的情景。

第六章 控制自己，做一个不吼不叫的妈妈

那一天，她带着一堆工作焦急地回到家里，孩子想要跟她说一件好玩的事情，却被她一口回绝了；

又一天，她被领导批评了心情很不好，她在写检讨报告时，孩子在边上蹭过来蹭过去，被她一把抓住丢在了沙发上："能不能安静会儿。"

难怪，从那之后，孩子再也没有主动跟她分享趣事，也不再时不时地缠着她讲故事，餐桌上越来越沉默，母子间越来越疏远。

于是，她下定决心改变。

再下班时，她会把自己眉头抚平，将头发整理好，露出一个大大的微笑，才走进家门。她有意识地去控制自己的不良情绪，对孩子有了更多的耐心，渐渐地，家里又重新被欢声笑语填满。

工作上的焦虑，使得这位母亲根本没有办法好好跟自己的孩子沟通，导致了双方的渐行渐远，好在这位妈妈反省及时，重新获得了孩子的信任。

女性一旦获得母亲的身份后，就会面对两种选择，一是成为一个全职妈妈，二是继续坚持职业道路。

放弃自我事业的全职妈妈公共价值不断被削减，通常会感觉到自己没有得到足够的尊重，充满担忧和抱怨，但是选择坚持职业道路的女性同样不能解决这一现状，面对远超份额的家务和照顾孩子的责任，她们必须减少自己的工作时间，与此同时工作的压力相应增大。**UC 大数据曾经发布过一份《中国妈妈"焦虑指数"报告》，数据显示，妈妈们的焦虑指数与她们所从事的行业有关，工作压力越大，焦虑指数越高。**另外则是来源于家庭，包括孩子的人身安全、身心健康、学习教育以及夫妻关系。

没有工作压力的全职妈妈们也并不轻松，除去放弃公众价值外，她们还要面临处理家务跟养育孩子的种种问题，更要承受收入减少带来的经济压力。

对于全职妈妈而言，从孩子呱呱落地的那一刻，她的眼和心就和孩子紧紧地联系在了一起，妈妈关心孩子本是天经地义的事情，但很多妈妈却关注过了头，孩子稍有异样，自己就担忧不安，于是，在孩子成长的过程中，妈妈就始终处于焦虑的状态下。

听到一位妈妈的诉苦，她总觉得儿子"反应有点慢"。

她所谓的"反应慢"无非是课堂上老师提问后，孩子没有及时举手；有时候给孩子讲解数学题，他不能一下子明白；做一些事情之前，孩子思考的时间要长一些。

我说，这很正常，孩子思维比较缜密，这是好事，没什么可担心的。

可她好像特别不能忍受："一次慢一点，最后就垫底了！我的孩子怎么能比别的孩子差呢？"

我笑她太紧张了，有点反应过度，她却说我不懂她的焦虑。

"别人的孩子一出生就继承了父母的高智商，有的孩子早早进了高级贵族学校，眼见着比你孩子优秀的孩子更努力，拥有更好的教育资源，他们的家长还那么焦虑，你能不焦虑吗？能不替孩子的未来担忧吗？"

突然，她想起了什么，急匆匆地跟我告别："不说了啊，下次再聊，我给孩子报逻辑课去了。"说完，头也不回地走了，留下了一脸惊讶的我。

据我所知，她的孩子今年刚上幼儿园，一个三四岁的孩子就要去上逻辑课，这真的让人挺不可思议的。

实际上，不单单全职妈妈，如今家长的焦虑似乎已经成为一种风气，好像不焦虑就不是一个合格的家长。焦虑的家长各式各样，不关乎身份、职业，但存在一个共同点，那就是带着"攀比心"育儿，总想着让孩子各方面都走在前面，不说比所有人好，但一定不能比身边的人差。

孩子小时候，焦虑他怎么还不会说话，怎么还不长牙，怎么还不会走路，怎么这么大了还在尿裤子；孩子稍大一些，焦虑孩子怎么那么内向，在学校会不会受欺负，为什么吃得那么少，英语发音不准确，作文写得不够好；等孩子进入青春期，又要焦虑他有没有早恋，个子怎么长不高，为什么偏科，视力越来越不好，是不是沉迷游戏……总之，家长们的焦虑从未停止过。

不管是因为自身的原因，还是因为孩子成长产生的焦虑，对于亲子相处都是无利的。一个人焦虑时，他的大脑处于高度紧张的状态，内心忐忑不安，这时候周围稍有异动就能挑起他激烈的情绪反应。当妈妈在这种状态下和孩子相处交流时，很容易崩溃，进而很容易使用情绪暴力甚至肢体暴力，和孩子发生矛盾。

其实，亲子关系中，焦虑是不可避免的，但焦虑的主体本应该是孩子，

而非父母。换言之，亲子关系中，焦虑的产生和传导本身应是这样的：**在成长的过程中，伴随着各种需求和未知的增加，孩子会产生各种各样的焦虑，然后将之传递给父母。父母作为成年人，作为孩子的第一任老师，通过透析和包容孩子的焦虑，帮助他们缓解和转化，使得他们得以成长。**

然而，现实却恰恰相反，这就出现了焦虑的逆向传导。

产生焦虑的主体由孩子变成了父母，父母将焦虑传导给孩子，让他们来包容，而孩子的焦虑却被严重忽略，这就导致孩子的成长被局限在一个狭小的空间里，得不到应有的发散，进而使得他们形成各种身心创伤，身体某些功能的完善也会受到影响，除此之外，孩子还要消化来自父母的内容，这些内容既包括父母的强烈甚至变态的期望，更包括他们的负面情绪。

这样的传递，让孩子的郁闷积压的同时，还要承受来自父母的痛苦，最直接的后果就是导致孩子产生种种不良的情绪和感受，其中就包括对父母的恨意。而这种恨意，孩子因为亲情和道德的束缚，往往是无法抒发出来的，只能以内耗的方式攻击自己，这便是抑郁的成因之一。

总之，母亲的焦虑不仅影响着自己，更影响着孩子和家庭，影响着亲子关系的构建。

但是，在当今的社会环境、教育环境下，家长的确举步维艰，想不焦虑都难，这种情况下，妈妈们又该怎么去做，才能不把焦虑带入到亲子关系中来呢？

焦虑产生的条件有两种：一是内心的渴望、期待被深深地压抑；二是没有获得预期的评价。站在母亲的角度来看，前者主要是对孩子的期望，后者主要是外界对自己的肯定。

也就是说，当妈妈对自己的个人价值或者对孩子的个人价值抱有较高的期待时，焦虑就自然而然地出现了，因此想要让焦虑远离亲子关系，就要从这点入手，在降低对孩子的期待的同时努力让自己变得更好。

第一，了解孩子的特质，不要盲目强求。

一些比较开明的老辈经常会说这样一句话："读书读得进的人，总归读得进；读不进的人，你逼他，他也读不好。"

现实中，绝大多数家长都会把"上学读书"当作人生的唯一出路，这也是为什么父母普遍存在教育焦虑。的确，当今社会学历、知识的重要性不言而喻，但也并不是成功的唯一法门，有的孩子天生不是学习的料，家长再怎么着急也没有用，不如"因材施教"，发掘孩子的其他天赋。如果父母总是强求，焦虑就永远不会消失。

当然，让孩子顺其自然地成长并不意味着不管不问，有时候适当的干预也是必要的。就拿学习来说，父母可以参与到孩子的学习中，这种参与是指和孩子一同学习、探讨，了解孩子在学习中的困难和问题，进而共同想办法解决，而不是将孩子丢给辅导班、兴趣班，自己只顾着验收成果。

你不了解孩子，不知道孩子想要什么，不知道孩子的问题在哪，只知道盲目地将孩子与他人比较，忙着计较得失，你不焦虑谁焦虑？

第二，与其苛求孩子，不如先自己努力。

蕾切尔·卡斯克在《成为母亲》一书中提道："母亲这一身份意味着，女性要逐渐放弃自己的公众价值，以换取一系列私人意义。"

成为一位母亲之前，女人可以从自己的社会身份中获得满足感、安全感、价值感，但成为一位母亲之后，这些感觉更多地需要从家庭、孩子身上获得，因此母亲也会将更多的精力放在家庭和孩子身上，付出得多，相应地希望得到的也就更多，需求得不到满足时，焦虑也就随之而来了。

尽管坚持工作的妈妈也会焦虑，但一般情况下，拥有工作、事业的妈妈还是要比全职妈妈更轻松和乐观，所以建议妈妈们还是要有自己的事情，有自己的空间，不要一心扑在家庭和孩子身上，将一切希望寄托于这两者。

你的幸福和快乐，从来都不应该依托于谁，而是靠自己争取。即使没有事业，也要有一个爱好，即使没有爱好，也要找到一些喜欢的事情，不是成了妈妈就要为孩子而活，你的一生都应该为自己而活。

第三，将外面的情绪，封存在家门外。

就像开头的那个例子一样，一个将工作中的坏情绪带回家的妈妈，也同时给丈夫、孩子带来了灾难性的影响，她的焦虑不安，让夫妻关系、亲子关系都亮起了红灯，所以妈妈们不管在外面有怎样糟糕的经历，也千万不要将在外面产生的坏情绪带到家里来。

在进家门前，举行一个小小的与坏情绪告别的仪式，可以像例子中的妈妈一样，对着镜子微笑、打气；也可以将自己的坏情绪写在纸上，然后把纸撕碎丢进垃圾桶；或者不要着急回家，看一看路边的风景，逛一逛可爱的小店……

如果不小心把情绪带回家了，要赶快意识到问题，并做好场景切换。例如，到家之后先逗一逗宠物，去厨房转一圈，去卫生间转一圈，去阳台站一站。要让人物或事物提醒自己，"我现在是在家里了"，当内心的场景切换到家的状态时，公司中的事情和情绪就可以暂时封存起来了。

第六章 控制自己，做一个不吼不叫的妈妈

焦虑、烦躁的你怎样不失控

情景一：

小艾是英语专业硕士，毕业后供职于一家事业单位，岗位是办公室文员。

可以说，这个职位跟她所学专业一点关系都没有，但因为学历的原因，领导很是器重她。办公室这项工作看起来简单，实际上特别锻炼人，杂事多，还需要协调各方面的关系。因此，这项工作让无论是写作能力还是协调能力都一般的小艾做得很吃力，怎么也达不到领导对她的期望。

就这样一段时间后，小艾的状态发生了很大的变化。

以前很少做梦的她开始整夜整夜地做梦，有时候还会失眠，精神变得特别差。

她的记忆力越来越差，别说知识性的内容，就连手头的事情她也转身就忘，经常满屋子转着找东西。

她变得愈发敏感，没有自信，一点小挫折就能让她情绪崩溃，她极度厌恶现在的生活状态，早上醒来想到还要上班，就痛苦异常。

情景二：

晴子本科毕业后，没有进入职场，而是选择继续求学。这期间，晴子与

相伴多年的男友结婚，不久后就怀了孕。

硕博连读的几年，眼看着本科毕业就工作的同学个个混得风生水起，而自己没什么成就，还早早结婚怀了孩子，晴子心里的担忧越来越多。

她给自己的现状做了一个简单的概括：

除了本专业的知识技能，其他一窍不通，觉得自己与社会严重脱节，根本没有适应社会的能力。

形象不好，长得一般，身材不好，性格慢热，不善于交际，没有特别的优势。

常常需要做药物实验，天天被化学试剂熏染，很有可能影响自己以及未来孩子的身体健康。

总结来看，自己就是一个又丑又胖又有没能力还得养孩子的傻博士，以后的路可怎么走？

晴子越想心里越不是滋味，但越是这样，她就更加控制不住地胡思乱想。

晴子想改变，但总觉得力不从心，做什么都三心二意或者三分钟热度，一闲下来就会有种负罪感，特别急功近利，有时候甚至会仇视自己的宝宝，有一段时间她还疯狂地去考各种证书，比如营养师、电脑证、英语证、执业药师等，仿佛是为了给自己多准备点适应社会的本钱。

后来，晴子身材越来越走样，情绪也常常阴晴不定了。

情景三：

晚上，爸爸还没下班，妈妈和女儿在沙发上窝着看电视。

电视剧演到了一个儿子因某些原因不认自己父母的桥段，妈妈看到这，突然流着泪抓着女儿的手："闺女，你以后不会也像电视剧里面这个人这样不要妈妈吧？"那紧张担心的神色一点都不像是开玩笑。得到女儿肯定的回答后，妈妈的脸色稍有缓和，但随即又局促不安地喊道："你爸爸怎么还不回来，这都几点了，快给他打个电话！"

"可是，十分钟之前我们刚刚不才打过吗？妈妈你到底怎么了？"女儿疑惑道。

不知道读者是否能够发现，其实上面三个情景案例，讲述的都是同一类问题。通常生活中我们出现的坐立不安、暴躁易怒、情绪反复无常、失眠多梦、行动力低下、总是胡思乱想、容易出现上瘾行为等失控的表现，本质上都是由焦虑烦躁导致的。

心理医生表示，大部分人在过度焦虑的时候，或多或少都会出现躯体反应，包括头痛，睡眠紊乱（难以入睡、多梦、惊觉、早醒等），消化系统紊乱（腹泻、便秘等），生理期紊乱，不明原因的躯体疼痛，心悸，皮肤敏感等，并且会或多或少都伴随有情绪反应，如易怒、易激惹、不耐烦、烦躁、间歇性心情低落等。

那么，什么是焦虑，我们又为何会焦虑呢？

焦虑从表面看是一种弥散性的担心、紧张和焦躁的情绪，是人对于未知、无法把控的事物产生的担忧和恐惧，简单来说就是"想要做好一件事但又不知道该怎么做时的惴惴不安"。主要表现是：**处于一种惶惶不安的状态之中，就如同"热锅上的蚂蚁"一样，整个人六神无主，像散架了一样，很难冷静下来思考当前问题，总是有很多小动作，或做一些无意义的小事，若持续处于焦虑的状态下，人很有可能做出更出格的事情。**

在心理学领域，焦虑的原理是人的大脑一种对抗潜在性危机的积极行为，是一种自我保护机制，当人的某些需求没有满足时，大脑就会启动这个机制，然后让我们表现出焦虑不安。就像上面的三个案例一样，工作完成得不好，达不到上司的期望时，会产生焦虑；跟他人比较，自己处于劣势时，会产生焦虑；找不到自身优势，对未来迷茫时，也会焦虑；没有从亲人、爱人身上获得自己预期的关注，安全感的缺失也会导致焦虑……

由于现实情况的种种不确定和不可预见、个人情感诉求的强弱不同以及个人能力和欲望的不匹配，每个人都会产生焦虑，只不过焦虑的程度不同，轻度焦虑对人有激励和鞭策的作用，而重度焦虑不仅有损人的身体健康，还会让人做出不合时宜的举动，影响生活的各个方面。

理解了这一点，就让我们看一看，在面对孩子的时候，我们的焦虑情绪是怎样产生并导致我们做出"出格"行为的。

儿子从外面回来，脸上挂了彩，衣服也被扯开了一个洞。

"你去干什么了，怎么搞成这样？"见状，妈妈着急地问道。

"没事，不小心摔了一跤。"儿子轻描淡写。

"你是不是跟别人打架了？现在的孩子，下手没轻没重的，万一打出个好歹可怎么办呢？"妈妈看儿子不当回事，心里更急了。

"妈妈，真没事，我就是跟同学打闹，不小心摔了一跤，真的是这样，你就别瞎琢磨了。"儿子说完回到了自己房间。

可是，妈妈还是不放心，她总觉得儿子跟自己没说实话，肯定是有人欺负他。于是，妈妈风风火火跑到学校，要求班主任将平常与儿子玩得的同学都叫来询问，接着又强制儿子不能和谁来往，美其名曰：你看人不准，妈妈这是帮你识别损友。

站在客观角度，案例中妈妈的做法无疑是"出格"的，因为自己的怀疑而直接干预孩子的人际交往，这是对孩子的不尊重，而导致妈妈这一行为的原因，就是焦虑。

面对受了伤的孩子，妈妈肯定既心疼着急又有一堆疑问，想要第一时间知道是怎么回事，当孩子不说，或者回答的不合妈妈心意时，妈妈就会各种猜忌怀疑，越是不知道，越是会往不好的方面想，越是这样想，就越害怕着急，焦虑的情绪就出现了。

为了缓解焦虑的情绪，妈妈就会选择自认为简单快捷的方式去解决问题，且根本不会考虑这么做的后果，会不会给孩子造成伤害，会不会给他人带来困扰等。

不久前，网络上还曾出现过这样一则热搜新闻：

某处海边，一对母女欲跳海轻生。接到热心市民的报警电话后，民警及时赶到了现场，当下看到一年轻女子正拉着一10岁左右的小女孩往大海深处走，几名民警赶紧手拉手下水将母女拉回了岸边。

经过询问，民警了解到，原来这位妈妈是因为孩子在家上网课时不认真，还老和她顶嘴，盛怒之下，一时间想不开就想用这样的方式吓唬女儿，让她能够听话。

事情一经报道，网友一片哗然，不少人指责这位母亲教育方式不当，太过偏激，但也有很多人表示理解："被逼疯的老母亲""家长的难谁懂""家长崩溃的典型症状"。

如今，容易崩溃的家长越来越多，新闻中的妈妈不过是所有焦虑妈妈的一个缩影。孩子不认真学习，又常与自己争执，妈妈会觉得自己的权威受到了挑战，再加上想象中对孩子未来的消极评判——不好好学习怎么考上好的学校，上不了好大学又怎能有好工作，妈妈很容易就变得焦虑起来。例子中女儿的做法对妈妈来说，的确是一件很难处理且非常生气的事情，但也并不是毫无办法，需要用如此极端的方式，然而，处于焦虑中的母亲，往往被情绪主导，很难发挥理性的作用，特别容易冲动行事，她能想到的，下意识去选择的就是这种简单粗暴的行为。

从上述例子中我们可以发现，妈妈的焦虑多指在对事情没有客观认识的情况下，由于察觉到自己无法掌控事情走向而出现的慌乱感。而失控行为，正是妈妈为了压制住这种慌乱的感觉，盲目采取的措施。

因此，想要不失控，关键就是如何应对慌乱感。

我们都会有一种感觉，面对一件未知的事情，恐惧紧张总会没由来地出现，但是面对一件已知的事情时，即使它非常恐怖，害怕的感觉也不会多么强烈。所以，那些让你慌乱的事情，很多时候都是你的想象赋予了它恐怖色彩，把它摊到明面上来看，其实也不过如此。

第六章 控制自己，做一个不吼不叫的妈妈

所以，抑制慌乱感的关键就是，全面客观地弄清你所面对的事情真相。

俗话说"关心则乱"，因为对孩子太过在意，所以一旦孩子出现了异常，妈妈就特别容易慌乱，这种慌乱感会影响妈妈去了解异常的具体情况，进而加重慌乱的程度。所以，最开始妈妈就要一个意识，让自己进入"路人心态"，在心里告诉自己，孩子出现这种情况很正常，不是什么大不了的事情，然后再去了解事情的原委，这时候你会发现，你可以很客观去看待孩子说的话，而不是完全依据感觉去判断。若当你在理性观察分析后认为孩子没有说实话，可以换一种沟通方式，一点点引导孩子说出真相，也可以从孩子身边的朋友入手，了解情况。

就以上面两个情景为例，看到孩子受伤，千万不要上来就责问，妈妈要在心里告诉自己，小孩子在一块玩难免有些磕碰，就算是打架也很正常，然后再问孩子发生了什么事情，接着根据孩子的眼神、说话的语气、表情等判断他说的是不是事实，若不能肯定，就联系孩子的朋友、同学、老师了解情况，再做处理；孩子不认真听网课，就要了解她不认真的原因，是听不懂、不喜欢还是有其他事情扰乱，让孩子自己说出来，或者找老师了解情况，总之要想方设法地弄清楚原因而不是发脾气。

知道了怎么回事，弄清楚了原因，心里就会有一个大概的解决思路，慌乱的感觉相应就会减轻。接下来，我们就可以通过各种途径，比如查阅资料、咨询其他家长或老师，找到更清晰稳妥的处理方式，彻底摆脱慌乱的感觉。

当我们跳脱固定的情景，重新审视妈妈的焦虑时就可以发现这样的事实——在面对孩子时容易焦虑的母亲，往往习惯于关注孩子的一切，心里无比希望能够把孩子教育好，让孩子越来越优秀，但又没有内在教育孩子的标准。换言之，缺乏教育孩子的能力和知识，再加上如今繁复资讯的扰乱，她们常常会将道听途说的或者自己根本不知道科学与否的道理用在孩子

因为无知所以迷茫,因为迷茫所以焦虑。就像一位中学校长说的那样,"容易焦虑的家长,基本上都有两个特点,一是读书少,二是爱瞎比较。这些都说明,他们对于很多事情,尤其是孩子的教育,本身就缺乏明确的目标和系统的规划。"

所以,从长远来看,妈妈们要想摆脱焦虑,控制好自己的情绪和行为,唯一的办法就是多学习,在哪方面感觉迷茫,容易焦虑,就重点学习哪方面。

如果你的焦虑更多地来自工作、来自人际交往,转而影响了自己和孩子的交流,那么你就要找到自己的不足之处(自己发现或让他人指出),有针对性地去弥补;如果你的焦虑更多地来于对孩子教育的力不从心,那就多找些权威的教育书籍阅读,不要像无头苍蝇一样被各种讯息左右。

实际上,当你了解得越多、知道得越多的时候,就会将一些没有价值或者扰乱你的讯息自动过滤掉,对很多事情形成自己的认知,就不再会那么容易迷茫和焦虑了。

孩子不听话，你其实有不生气的办法

歌手孙燕姿曾在微博上发过一篇文章，称自己是一个"糟糕的妈妈"。

当时，孙燕姿正怀着二胎，大儿子突然患上了重感冒。出于母亲对孩子的爱，尽管自己很累，孙燕姿还是每天寸步不离地照顾儿子，为他的身体状况担忧。

一天，儿子告诉妈妈自己不想吃饭，想吃巧克力。由于巧克力会影响药效，孙燕姿果断拒绝了儿子的请求，母子俩为此争论起来。期间，本就因为怀孕情绪不稳定的孙燕姿，一度情绪失控。

面对愤怒的妈妈，儿子在纸上写道："我恨妈妈。"

在气头上的孙燕姿针锋相对地在纸上回写道："是吗？如果你死掉我也不会在意的。"

事后，冷静下来的孙燕姿，想到自己说的那些伤人的话，十分自责，称自己是个"糟糕的妈妈"，并向儿子道了歉。

实际上，孙燕姿和儿子的这种情况，在我们的生活中也不少见。

父母在和孩子交流相处的过程中，不可避免地会产生分歧、争执、矛盾、

生气按钮

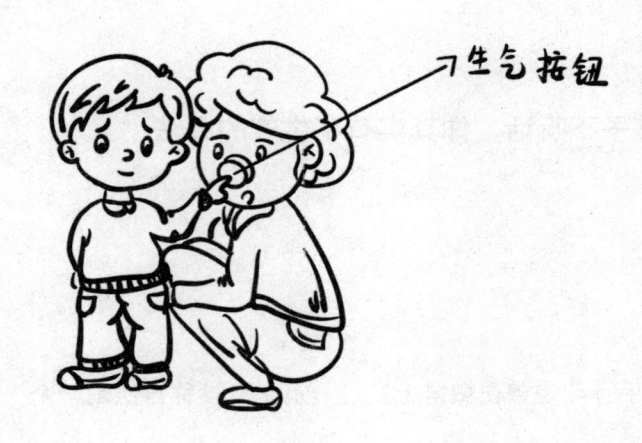

冲突，有时候孩子能够很轻易地触动父母体内的"生气按钮"，使得父母的情绪瞬间爆发，进而说出伤人的话或者做出伤人的举动。

像孙燕姿说出的狠话，不仅伤害了儿子，同时也戳痛了自己，待情绪平稳后，回想起来，心中必定满是后悔自责。"当时我要是……就好了"，每一个人，对于这个句式都不会陌生，妈妈也不例外，我相信每一个冲着孩子大发脾气的妈妈，冷静下来后肯定都会反省："当时我怎么能那么冲动呢。"

但是，再反思自责也是无济于事，因为对自己对孩子造成的伤害是既定事实，就算道了歉，和了好，翻了篇，伤痕还是依然存在。所以，尽量不要跟孩子生气，更不要在孩子面前发脾气。

作为人类情绪系统中最原始的一种情绪，愤怒在人类社会中既常见也正常，很多时候，它都是以一种瞬间爆发的状态出现，特别是父母和孩子的相处中，愤怒常常是一时而起，很快消失，这种情况下，愤怒就是一种瞬时情绪。

所以，不生气的关键，就是如何应对瞬时而起的愤怒情绪，恰好，心理学上就有多种用以缓解瞬时情绪的工具。

第六章 控制自己，做一个不吼不叫的妈妈

呼吸控制工具

人处于激烈情绪中时，往往呼吸急促短浅，大脑处于间歇缺氧状态，这种状况下，就更加无法进行理性思考。控制呼吸工具，主要是深呼吸，让呼吸变得深入和缓慢，用调节呼吸的方式来舒缓神经，让更多的氧气进入人体内，从而让大脑渐渐回归理性。

在与孩子发生争执刚要冲动行事时，突然想到不能失去理智，于是可以深呼吸，五秒完成一个呼吸过程，情绪就会慢慢稳定下来。

矛盾意向工具

很多时候，我们在情绪爆发时会意识到这情绪是暂时的，并且还可能会带来恶劣后果，于是我们回想着去抑制，但结果往往不尽人意。

其实这时候，我们完全可以反其道而行，使用矛盾意向工具。所谓矛盾意向，就是有选择地让情绪释放出来，它与抑制情绪刚好相反。

相信妈妈们也会有这样的经历，比如你跟某个人闹矛盾了很生气，然后和自己朋友倾诉，如果朋友一个劲儿地让你放宽心，别太计较，你很有可能会更生气，相反，如果她和你一起指责对方，让你骂个痛快，你的情绪很快就会消解。

克制自己能控制的情绪冲动，反而会导致小的情绪被放大，变得更难以控制。所以有的时候，不妨将情绪快速释放掉。比如当你因孩子的行为非常愤怒时，可以很明确地跟孩子讲，"我现在非常生气，特别想对你发火，甚至想打你一顿""你的行为触及了妈妈的底线，让我很难受，我真的很想臭骂你"这样说出来之后，更有助于情绪平复。

降低重心工具

从心理学的角度看，人在情绪激动时，会血液上涌，导致重心抬高，从而让自己显得更强大。针对这一点，我们就可以获知一种舒缓情绪的方式——降低重心，即利用物理手段将情绪激动者的重心放低。

也就是说，当你和孩子闹矛盾很生气时，可以在情绪将要爆发的时刻让自己坐下来，这时候你就会发现自己的情绪要比站着的时候稳定了一些，如果坐下来还不行的话，那就坐得更低一些或者找更软的位置，甚至可以躺靠在沙发上。

妈妈们在日常生活中可能也注意到过很多产品售后投诉中心的沙发都是又低又软的，这就是降低重心工具在现实中的应用。

转移注意力工具

在瞬发情绪的控制下，人的思维会局限在某一个点上，即"钻牛角尖"，且往往越钻越暴躁，这种情况下，如果能及时从牛角尖中脱离出来，情绪也会被控制住。

如何脱离呢？最简单的方式就是弱化"牛角尖"的存在，即转移注意力。

转移注意力分为平行转移和内外转移。

平行转移，就是从一件事上转移到另一件事上，譬如当你和孩子因为某一件事情发生争执时，如果讨论不出一个所以然且可能引发冲突时，可以及时终止，先不去搭理孩子，转而去思考或者做一件自己很感兴趣、特别想做、最近要做的事情，这样情绪会慢慢稳定下来。

内外转移，就是寻找情绪发生的途径，把内在的情绪转移到外在的原因上面，重点就是运用同理心，学会换位思考，比如妈妈在发怒的瞬间，可以想一想我为什么这么生气呢？孩子这么做的原因是什么呢？我要是孩子，我会怎么做？我会是什么感受呢？

皮肤接触工具

心理学家发现，人在婴儿时期那种渴望被安抚、被关照的情绪，并没有因为年龄的成长而消失。所以，当一个人处于瞬发情绪当中时，用皮肤接触的方法表达一种温和的关心，也是一种稳定情绪的重要工具。

这以方法妈妈们应该告知家庭其他成员比如孩子的爸爸，当你和孩子闹得不可开交的时候，爸爸就可以采用拥抱、抚背等皮肤接触的举动让你们冷静下来。

需要注意的一点是，皮肤接触时千万不要接触小臂，也尽量不要拍打对方，这两种行为都可以被解读为攻击、阻止，非但无法缓解情绪，反而可能会激发矛盾。

总而言之，为了减少我们生活中不必要的麻烦，情绪的爆发必须加以控制，而只有用对了工具，情绪才真的能够为你所掌控。

当然，上述方法只适用在即将发脾气的场景中快速止损，并不能够解决"情绪易失控"的问题，要想治标也治本，就得使用长远疗法。

第一，"远离孩子"。我们可以回想一下自己对孩子发脾气的场景，就会发现，喜欢跟孩子生气的妈妈，她的生活往往是以孩子为中心，围着孩子转的，要想改变这一点，前提就是离开孩子的包围圈，不要把自己的生活和孩子的生活融为一体，你是一个母亲，但更是一个独立的人。

第二，为自己确定一个爱好。如果你觉得远离孩子不是一件容易的事情，那么不妨从寻找一个爱好开始，或是捡起你童年的梦想，或是延续你少女时的心愿，总之找到一件你喜欢并且能坚持下来的长久爱好，你就会发现生活开始变得美好起来，育儿也会变得更轻松。

第三，注意运动和饮食。在时间允许的情况下，妈妈们最好坚持运动，跑步、跳绳、瑜伽等运动，这不仅会让你体态更年轻，也会使你保持良好的心态；在条件允许的情况下，妈妈们最好保持饮食清淡，在不同的年龄阶段，补充需要的营养，好的身体才能造就好的心情。

别太恐惧，事情远没你想得那么可怕

一大早就听到一位女同事的哀号："现在这社会哪哪都是安全隐患，养个孩子真是太不容易了。"

我抬头看了看她，感觉她今天尤其憔悴，于是好奇地问道："怎么了，又听说什么可怕的事情了。"

"不仅仅是听说，差点我就变成当事人了"，正愁没处哭诉的她听到我这么问，立马凑了过来："真羡慕你家孩子那么乖，我那儿子天天让我提心吊胆的。"

听她这语气，我以为出了什么大不了的事情，于是耐着性子听了下去。

"昨天下午，我儿子学校放了半天假，他跟我说和同学出去玩，我也没细问，结果傍晚回来，他浑身上下都湿漉漉的，追问之下，我才知道，他竟然去公园一条小河里玩水去了。这多危险啊，你说我能不生气吗？当即，我就劈头盖脸地骂了他一顿，现在想起来我还害怕呢……"

"你有点反应过度了吧？"我有些不解，"玩水哪儿有那么危险？"

例子中那位妈妈为什么对孩子出去玩水有这么大的反应呢？为什么如此生气呢？其实就是因为恐惧，太过害怕孩子去玩水会发生不好的事情，出现意外情况。

像例子中的这位妈妈一样，很多时候，父母对孩子发火、大吼大叫，本质就是因为恐惧。

那么，究竟什么是恐惧？我们又为什么会恐惧？

恐惧是一种既复杂又古老的情绪，是人类原始生存回路的一部分。在遥远的古代，我们人类的祖先面对强壮凶猛的野兽时，出于对生命的担忧，恐惧就产生了，从这点看，恐惧是面对潜在或者正在发生的危险进行自我保护的一种应激反应。

随着人类社会的不断发展，人类情感的不断丰富，恐惧的产生不单单囿于对自我处境的担忧，也关于亲近之人，包括父母、儿女、爱人、伴侣、朋友等。

当人们感觉到自己或者亲近之人当下或者将来面临的处境有危险因素时，就会不自主地恐惧起来。**这些危险因素往往是一些人们自认为无法克服、无法掌控、无法知晓的，很容易让人联想到死亡、威胁生命或者极度厌恶的事物或环境。**

比如，有的人恐高，站在高处时，他就会想，我不会飞，掉下去就死定了，摔得血肉模糊，太可怕了；惧黑的人，会想象黑暗中可能潜伏着对自己生命构成威胁的东西，鬼怪、坏人或凶猛的动物；害怕蟑螂、潮虫的人，往往会对阴暗潮湿的环境产生莫名的恐惧感，因为面对这样的环境，她就会想象被这些虫子爬到身上的感觉；在亲人开车、登高、重病等情况下，人们会把潜在的隐患通过想象放大，将其与亲人的生死联系在一起，会想"会不会出车祸、万一摔下来、如果手术不成功"等，进而产生恐惧。

很多事物、环境本身并不是可怕的或者说并不具备确定性的危险因素，但经由人们的想象，就会成为恐怖的载体，让人心生害怕。可以说，恐惧的

第六章 控制自己，做一个不吼不叫的妈妈

产生之源是对危险的联想。

这种联想有一定的生理基础：人的大脑中有一个与恐惧情绪密切相关的脑区，被称为杏仁核，主要负责惊恐信息的处理。当人接收到某个信息之后，大脑的相关部位会对其进行分析，然后将分析的结果与记忆库中类似的信息进行对比，判定其类型。当判定结果是危险时，杏仁核就会发出警报，将脑干、下丘脑以及自主神经系统激活，再加上海马体的作用，人就会出现一系列的生理反应，比如心跳加速、血压增高、肾上腺素分泌增多、脸色发红、露出害怕的表情等。

了解了这些，我们再回到开头的情景，来看一看例子中的妈妈产生恐惧的过程。

妈妈得知孩子出去玩水后，通过自己所知道的相关信息，将其判定为危险，进而开始将与这件事相关的一切都往不好的方面联想——河边那么滑，又有那么多石头，摔倒磕到了也不是小事，小孩子又喜欢追逐打闹，没个分寸，一不小心……没出事可真是万幸，要真有个好歹可怎么办呢？妈妈想到的每一个环节都只有糟糕的结果，这样想着，她就会越来越担忧，越来越恐惧，到达一定节点后，恐惧就会转化为愤怒，然后发泄在孩子身上。

很多产生恐惧情绪的人会选择逃避，这很容易理解，然而，为何恐惧情绪还会导致攻击呢？回答这个问题我们需要来了解一下恐惧产生的根源。

心理学家阿德勒曾经举过这样一个例子：
三个孩子第一次去动物园，他们来到了狮子笼前，看到凶猛的狮子。
第一个孩子退缩到了妈妈的身后，对妈妈说："我要回家。"
第二个孩子没有退缩，他只是脸色苍白地站在那里，全身发抖地对妈妈说："妈妈，我一点儿都不怕。"

第三个孩子则是凶狠地盯着狮子，对妈妈说道："我可以向它吐口水吗？"

面对狮子这个庞然大物，他们不知道该如何应对这种状况，虽然他们分别采取了不同的行为，但本质上是一样的，那就是没有一个良好的方法去解决当前面对的问题。

同样，在教养孩子的过程中，妈妈也会对很多事情"无能为力"或无法掌控，因此常常担忧恐惧。在"焦虑"的章节中我们提到过，妈妈的很多焦虑来源于孩子的成长，包括人身安全、身心健康以及学习教育，其实，三者之中，妈妈对于孩子人身安全的担忧是最甚的，在很多时候已经超过了焦虑的范畴，达到了恐惧的程度。

就拿我自己来说，我刚毕业工作那几年，自己在外地工作，每次回家，我妈妈都会一脸担忧地跟我说各种女孩子被拐卖、被骗、被害的事情，一遍遍地提醒我要当心，要留个心眼，不要太轻信别人，如果我在听的时候稍稍表现出一些不认真或不耐烦，她就会非常生气。尽管我已经成年，但是在妈妈看来，女孩子在外独自生活就是一件极其危险的甚至可能危及生命的事情。

可以说，对于妈妈而言，不管孩子多大，一切与孩子人身安全有关系的事情，都会触及她的恐惧感应区。

比如：

不爱吃饭；

太晚回家或夜不归宿；

跟她觉得不靠谱的人成为朋友、恋人；

常常和顽劣的小伙伴出去玩；

生病或受伤；

跟别人打架；

出现心理或情绪问题；

沉迷网络、游戏；

喜欢冒险，喜欢去危险的地方；

……

作为人类最基本的情绪之一，恐惧有着重要的作用和意义，适当的恐惧可以帮助人们趋利避害，保护自己免受伤害。但如果对常人不怕的事物感到恐惧，或者恐惧体验的强度和持续时间远远超出正常范围，则会对给自己也给他人造成困扰。

在孩子漫长的成长过程中，妈妈有千万个瞬间都在恐惧着，这些恐惧也在很多时候使得妈妈失去理智，"造就了"亲子间的矛盾，对自己以及孩子带来了不好的影响。

那么，妈妈们应该如何排遣掉恐惧情绪呢？

停止胡思乱想

我想，大家都会有这样的经历，最初在一件事情上，你并没有特别害怕，但是越想越觉得恐惧，比如看恐怖片时我们总会有这样的感觉：明明正在看的时候并不觉得害怕，但是看完之后越想越怕，从这点看，胡思乱想是恐惧情绪产生和增强的重要途径之一。所以，停止胡思乱想是有助于排遣恐惧情绪的。

我们知道，大脑有时候是"不受控"的，因为你肯定经历过"越不让自己想一件事，大脑就越去想"的绝望，也肯定有过"明明什么都没做，却觉得特别累"的无奈。

不过，也别着急，对于"胡思乱想"并不是无计可施。

胡思乱想，也可以表述为注意力的分散。人脑中控制注意力的有两种意识，一个叫作显意识，另一个叫作潜意识，两者的区别在于是否可控制。

依靠显意识做的事情可以看作是被强行实施的，而依据潜意识的则是人的本能行为。就像我们制订的各种计划、目标，都是在显意识的作用下进行的，而发呆、幻想、走神等就是显意识的作用。简单来说，显意识让你去做的大多数是有长远意义的、积极向上的但可能让你不那么"舒服"的事情，而潜意识则是让你随心所欲，但最终往往会导致不好的后果，胡思乱想正是在潜意识的主导作用下产生的。

因此，要想停止胡思乱想，就要显意识打败潜意识。那么，具体应该怎么做呢？

其实很简单，前面说到胡思乱想是注意力的分散，所以你只要将注意力集中起来，就是停止胡思乱想。

最简单的方法就是，让自己沉浸在某一件事情当中去。

我们都有过沉浸于一件事情而忘乎所以的经历，或是看一本小说，或是追一部电视剧，又或者是学习工作，总之，当你全神贯注地投入到一件事情中去时，就会忘记烦恼，忘记所有的不愉快。

想一想你能轻易投入进去的事情，比如逛淘宝、看论坛、看综艺节目；你一做就开心的事情，比如吃甜点、买衣服；你近期很想做，但一直犹豫不决的事情。把这些事情写下来，贴在客厅、卧室你能一眼看得到的地方，再次胡思乱想时（不仅仅局限于害怕）就可以马上着手去做。

你也可以选择和潜意识反着来。

多数情况下，我们都是在被潜意识带着走，越是压抑着自己不去胡思乱想，越是想得多，想得消极，当我们一开始就跟潜意识作对，潜意识反而更有力量。所以，不妨换个方式，先跟着潜意识的方向走，它让你想你就想，待它"放松警惕"时，再一个急转弯转到对立的那一面。

比如，孩子生了大病，妈妈很着急，心里不断想：要是治不好怎么办？会不会留下后遗症？就算病好了，孩子身体比之前更弱了怎么办？在潜意识的引导下，妈妈的思维向着消极的方向一路挺进，这时候就可要换个思路了，朝着积极、正向的方向去想：经过这一次，孩子肯定会自觉注意起饮食均衡和卫生；跟同样得这种病的小孩相比，我儿子身体还是可以的，再加上医生这么专业、有经验，肯定会恢复得很好……这样反过来想，你就很快能从消极的情绪中出来了。

找到一个能让你平静的人、物或事

我们知道，恐惧的原因之一就是缺乏安全感，面对一件棘手的事情或者一个让人害怕的事物时，如果我们孤立无援、毫无依靠，就会特别容易产生恐惧情绪，相反，如果能找到一个精神寄托，恐惧情绪也就不会那么强烈了。

能让你平静下来的可以是一个能让你依靠能给出谋划策的人，也可以是比你更弱小，需要你保护的人、宠物甚至是植物，因为安全感不一定非要别人给，当自己因为给予而内心充满正能量时，其实就已经具备了足够的安全感。

有些人会有很奇怪的入眠癖好，比如必须抱着小时候的毯子、必须盖着妈妈做的小褥子；也有的人会带着从不离身的物件，比如一条吊坠、一只手镯，这是因为，这些东西及其背后的故事能够给他们足够的安全感和勇气。

正视恐惧

我想，把恐惧比做成纸老虎再合适不过了。你远远看它时，它是那么真实可怕，然而当你冷静下来，走近瞧时，才会发现不过如此，战胜恐惧的最好办法，就是去正视它。

我们还是以开头的案例情境为例，其中妈妈的思维实际上是在被她十分认同的但片面化的信息引导着，换句话说，她在某一段时间看到了一堆结果相同的同类事情或者经历了一件让她记忆深刻的事情，这些被她留存在记忆库中的信息，让她在心里默认当同样的事情发展到最后很大概率上就是一样的结局，她或许是有过差点溺水的经历，或者曾目睹过别人溺水，又或者经常看到溺水的新闻，因此在她看来，玩水的后果很大程度上就是溺水，所以当知道自己的孩子去玩水的那一刻，她就开始了各种疯狂的想象，心就已经开始被恐惧攻占，且在一段时间内，恐惧是不断增长的。

妈妈这种递进式担忧或恐惧，心理学上称之为不合理信念，指的是个体心中不合乎逻辑的、没有现实依托的信念，源于绝对化、极端化、过分概括化的思想认知，也是"危险联想"的前提。说白了，就是当你对一件事情或事物不够了解、认识不清的情况下，才会有更多的想象空间，才会有更多离谱的想法。

而当我们把这件事情摊开来看，对事物有充分全面的了解，再结合实际情况进行分析后，就会发现其实并没有那么可怕。

这里就提到了一种非常重要的方法——揭开黑箱。

我们可以设定这样一个系统，系统的一侧是输入，输入的是外界的刺激或者说危险讯息，另一侧是输出，输出的对应的行为。两个变量中间的你无法明确看到和形容的东西就是生理反应和心理反应的结合，即黑箱子，也可以说就是恐惧情绪。黑箱效应，也可以说是黑箱联想，即我们提到的恐惧之源——对危险的联想。

那么，具体如何解开黑箱呢？

简单来说，就是将你恐惧的因素一一列出来，然后从实际出发，对其进行逐个分析。还是以"孩子去公园玩水"事件为例，妈妈对此感到恐惧的点主要有二：一是认为环境危险（水深、岸边滑有石块），二是没有可靠的人陪同。

接下来，我们就从这两点一一开启黑箱。

一方面，周围环境危险。

不管是网上的新闻还是你周围真实发生的，一般情况下，孩子外出游玩溺水都是发生在野外的河流、池塘，这些水域，一来水深不可知，二来岸边多湿滑，但是公园的河湖、池塘一般水都不会太深，且岸边都有护栏或者会做防滑处理。

另一方面，没有可靠的人陪同。

孩子在郊区野外等偏僻的地方出现意外情况时，如果没有大人陪同的确很难被及时发现，因此很容易发生悲剧，但是公园这种公共休闲娱乐场所，一般来往人员并不少。

经过这样一分析，我们其实就可感觉到，孩子去公园玩水，并没有想象得那么危险，案例中的妈妈的确有点反应过度，可以担心，但是没必要过度恐慌，更不应该为此对孩子发脾气。

出现恐惧情绪很正常，但尽量不要被它牵着走，妈妈们在很多情况下，都应该试着去正视恐惧，这样做后你会发现很多事情并没有你想象得那么可怕，而你自己也会轻松很多。

第七章　这些你没有意识到的情况,可能也在伤害孩子

家庭吵架，孩子会觉得一切都是我的错

8岁的小艺差点患上抑郁症，这个一直以来开朗乐观的女孩此刻正坐在椅子上，忧郁地望着窗外，眼神里写满了不安。

小艺有一对极爱吵架的父母，从她记事起，父母就总是吵架，有时候吵到激烈处还会动手。

"你就不能体谅一下我吗？"

"我为这个家付出了多少，谁体谅过我？"

"你简直不可理喻，我跟你沟通不了，离婚吧。"

"离就离，要不是为了孩子，我至于忍这么多年吗？"

在小艺的记忆中，不管父母因为什么开始的吵架，最后都能牵扯到她的身上，于是这一句"为了孩子"让小艺陷入了深深的愧疚中。

她觉得她的存在是多余的，爸爸妈妈吵架都是她的错，没有她爸爸妈妈就不会吵架。

其实，不止小艺的父母，很多家庭战争，到最后矛头都会指向孩子。

一方面，孩子会自动认为父母吵架跟自己有关。尤其年龄较小的孩子，他们尚处于一种原始的自恋状态，想当然地会将周围发生的一切事情与自身

第七章　这些你没有意识到的情况，可能也在伤害孩子

建立联系，再加上其认知能力较低，对很多事情不能有客观的认识，孩子不明白为什么父母会像仇人一样针锋相对，因而就会陷入恐慌中，觉得是自己导致了父母的争执。

另一方面，父母们习惯于将吵架的怒火以一种更加简单快捷、低成本的方式发泄出去，那就是迁怒于孩子，这样导致的结果就是，孩子会把父母吵架的原因一手包揽，认为父母吵架都是自己的错，从而产生强烈内疚感。

愧疚感人人都会有，但是过量的长期存在的愧疚感到达一定节点后产生的伤害几乎是毁灭性的，**心理学家说："无意识的愧疚感能量级几近死亡，对人的生命力有着毁灭性的打击，无数人因羞愧和内疚而自残、自杀。"**

而吵架的父母在给孩子制造愧疚感的同时，还会无意识地利用愧疚感操控孩子的行为，进一步加重对孩子的打击。

在愧疚的同时，小艺也很感动，她觉得父母为了自己甘愿舍弃自由，过这种痛苦的生活，是出自深深的爱。

于是，为了回报父母，也为了维护岌岌可危的家庭关系，她尽可能地顺从父母的意愿，尽最大努力满足他们的要求，一直保持着乖乖女的形象，努力学习，懂事听话。

一次考试，小艺成绩倒退了些，她回到家里时，父母又在吵架，刺耳的声音直击她的耳膜，她无所适从，只能愣愣地站在角落里，小声地劝阻着"爸爸妈妈，你们别吵了。"

听到小艺的声音，妈妈转过头怒气冲冲地说道："就知道别吵了，你妈我受了多少罪，受了多大的委屈啊，你知道吗？你这次考试怎么样？有没有给我丢人？"

"我，我这次退步了。"小艺声音更小了。

听到这，爸爸妈妈的怒气更大了："你不想让我们吵架，你就别气我们啊，我们每天累死累活的为了谁，你这样的成绩对得起谁啊！"

爸爸妈妈的这些话让小艺内心矛盾极了，她觉得自己已经很努力了，做了那么多讨好的父母的事情，到头来却还是不被理解，她既埋怨父母，又觉得自己一无是处。

教育学者表示，**制造愧疚感是父母普遍使用的一种教育模式，目的就是获得孩子人生的控制权。**在内疚情感的作用下，孩子害怕失去父母的爱而违心去做自己不喜欢做的事情，难免对父母心存怨恨，可又无法通过宣泄气愤和挫败感而获得解脱。

如此，在愧疚感之外，孩子会受到越来越多的伤害，**这些伤害包括但不限于大脑发育受到消极影响、身体生长缓慢、产生多动症以及各种心理疾病如抑郁、躁郁等。**

英国一些心理学者曾做过一项研究，他们召集了58名17～19岁的志愿者，对其脑补活动进行了测定，然后让志愿者的父母回忆从孩子出生到11岁期间经历的家庭问题包括父母吵架、冷漠沟通、肢体暴力等，结果显示经历轻度至中度家庭问题的孩子，小脑部分相对较小，而小脑较小则会导致成年后罹患心理疾病的概率大大增加，**常目睹父母吵架冷战的孩子，其大脑关键的早期发育会受到负面影响。**

《你的经历是怎样塑造你的生理体征的？》一书中也提到，长期生活在恶劣的应激压力环境中，个体的大脑结构就会改变，这就会影响个体对于外界事物的加工模式，甚至身体的应激反应。

对于儿童多动症和父母吵架的关系，我国广州市儿童医院的主任医师汪玲花认为，儿童多动症行为与大脑发育、社会心理、遗传等相关，**家庭中的重大消极事件如父母剧烈争吵或动手等社会心理因素会刺激孩子，导致多动症行为的出现。**

此外，父母吵架跟孩子的身体发育也息息相关。**国外有一病症叫作"情感遮断性身材过矮症"**，指的是垂体系统、下丘脑受到情绪抑制，分泌生长激素减少而引起的身高过矮，**患者主要表现为缺乏安全感，时常在睡梦中惊醒、叫喊，多为父母吵架的受害者。**根据患者的日常表现，研究者们还发现除了身高较矮外，他们往往还具有独语、多动、智力发育迟钝、人际关系不协调等问题。

可见，家庭战争、父母冲突对孩子的创巨痛深。

父母吵架对孩子的伤害是隐性的，导致的问题是滞后的，因此许多人意识不到，夫妻吵架，孩子才是真正的受害者。而很多父母即使意识到了吵架对孩子有负面影响，但由于缺乏系统科学的相关知识，也存在一定的错误认知，从而会采取不恰当的解决方案。

谬论一：年龄很小的孩子对父母吵架没有什么感觉，因此不会受到什么影响。

事实上，孩子从出生的第一天起，就会有听觉反应，包括痛苦、警惕、抚慰、舒适等，激烈的吵闹声会让婴儿开启自我保护模式，这种状态下，他的感觉是非常痛苦的，身体也会伴随着神经收缩而变得僵硬。

6 到 12 个月的婴儿即便在睡着的情况下，也会对父母争吵时的语调有所反应，从 1 岁开始，婴儿就具有分辨父母情绪和感知冲突的能力，4 岁之后，孩子开始有内疚感的萌芽。在幼儿期时，父母吵架会让孩子害怕并产生心理负担；儿童时期，父母的吵架会让孩子感觉到羞辱、愧疚、自卑等，这样的孩子长大后会对亲密关系存有恐惧感。

谬论二：躲着孩子吵架，就会减少对孩子的伤害。

一些父母认为，我只要不当着孩子的面吵就没事，事实却是，孩子对父母的情绪觉察是相当敏锐的，背着孩子偷偷吵，刻意压低的嗓音和乖戾语气只会加重孩子的愧疚——为了我，父母连吵架都偷偷摸摸的。

谬论三：吵架怎么也没有离婚带给孩子的伤害大。

国外的一项研究揭示了父母不和、离婚和子女幸福感三者之间的关系：父母不和的程度越高，孩子的幸福感越低，当达到一定程度后，离婚反而会增加儿童的主观幸福感，且远高于完整但充满冲突家庭的儿童。

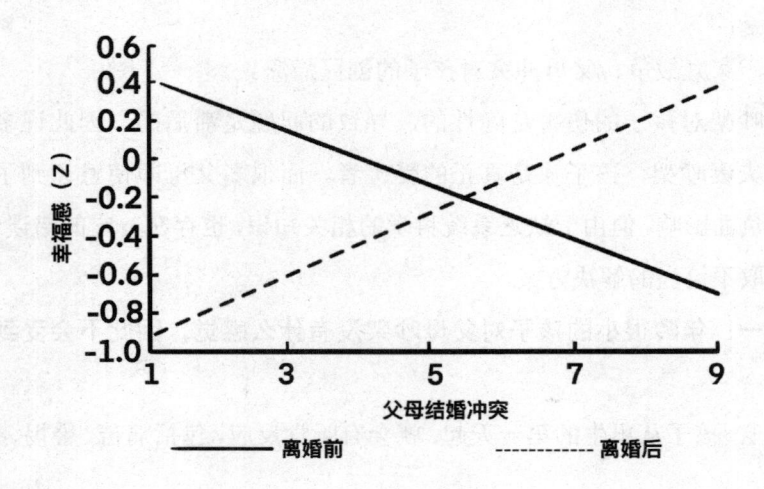

这项研究意在告诉父母，如果夫妻关系实在维持不下去，不如干脆放手，不要再互相折磨，对夫妻双方和孩子来说都是一种解脱。

谬论四：不大声叫嚷、动手，就不会对孩子产生不好的影响。

原生家庭成员之间的紧张关系，包括情感冷漠、冷战、假作恩爱等让孩子感受到的恐惧不亚于正面冲突。父母的表面和谐和压抑发泄会带给孩子一种无形的压迫感，使得他们更加小心翼翼，生怕打破这种脆弱的和谐。

当然，这并不是说父母一定不能发生争执。研究表明，父母间（释放情绪、解决问题、明确边界）建设性的冲突，可以让孩子在妥协或相互支持中获得成长，而真正对孩子的身心造成严重的不良影响是破坏性的冲突，其特征是伴有侮辱性、威胁性的语言或者肢体暴力、冷暴力。

也就是说，在意见不合、看法不同的情况下，父母可以争吵，但要明确争吵的目的不是纯粹泄愤，注意自身的措辞和行为，尽量别骂人，更不能动手，学会用不带伤害的方式去化解冲突。

《亲密关系》一书中，心理学大师罗兰·米勒介绍了一种沟通方法——XYZ陈述法。

X、Y、Z三个数轴所代表的分别为：事件、环境、感受。表述为：你在Y情境下做了X，让我感觉到Z。

为了便于理解，米勒还设定了一个场景——你约好了和男朋友一起吃晚饭，结果他迟到了，电话还打不通，为此你又担心又生气。他到了之后，你会说什么？怎么说？

如果你说："你这人怎么一点时间观念都没有，你知道我等了多长时间吗？电话也打不通，做什么事都毛毛躁躁的，我真是服了你了。"

很大程度上，这顿饭就要不欢而散了。

因为这次迟到而把对方定义为没有时间观念的人，这就是人格归因。 所谓人格归因，通俗来讲就是为他人的性格品行贴标签，现实中人们很容易通过某一件小事固化对某个人的印象，从而将其划分到某一种类型中，这是人际沟通中产生暴力的根源。

　　同样的，夫妻在沟通的过程中，也会使用人格归因的方式去评判对方的行为，这就很容易导致争吵的发生。

　　但如果换种说法呢？

　　"这么晚了，天还下着雨，我等了你很长时间，你迟到了又不接电话，更没有提前告诉我一声，我既担心你的安全，又觉得不被重视，所以我现在非常生气。"

　　这种既表达了自己的感受，又指出了对方的错误，并且也更容易让人接受，有助于问题解决的说法，所用的陈述方式就是"XYZ 陈述"。"时间晚、天下着雨"这是 Y，即环境；"我等了很久、你迟到了电话也不通"这是 X，即事件、事实；"我担心、生气"，这是 Z，即感受。

　　夫妻间、家庭成员间如果在沟通时常用这种方法，就能很大程度上避免吵架的发生，同时也能对孩子的人际交往产生积极影响。

　　有时候，不管使用什么样的方法，吵架都是不可避免的，这种情况下，如何安抚孩子就成了重点。

　　在气头上的时候，一定要克制自己别去搭理孩子，请专心致志地沉浸在吵架中；若孩子劝架，别直接拒绝，可以说："你先去自己屋里，一会妈妈再跟你说。"

　　吵架过后，主动告诉孩子是因为什么事情，双方的观点是什么，有没有解决，让他知道他不是罪魁祸首，甚至可以询问孩子的看法，让他参与进来，让他知道自己也能够为解决家庭问题贡献一份力量。

　　孩子的安全感和幸福感来源于父母的和谐，来源于家庭的和睦，当父母争吵时、家庭战争爆发时，孩子对外部世界的好奇和探索就会变成恐惧和担忧，对人也会充满怀疑和不信任。所以，在吵架前、吵架时，请先为孩子想想。

数落老公，孩子会觉得"爸爸好无能"

前些天，我的一位已婚女同事带着些八卦又酸溜溜的口气跟我打听道："你最近还和小宋联系吗？她离职之前你俩关系就挺好，我听说她去年结婚了，老公对她特好，真的吗？"

"小宋老公是挺不错的，我见过，稳重还特别浪漫，他俩每个节日都过得很有仪式感。"我说道。

"真是羡慕啊，看看别人老公，再看看我老公，一天到晚就是工作吃饭睡觉，根本没有什么浪漫细胞。"此刻，她酸溜溜的语气已经变成了赤裸裸的埋怨。

"你别这么说，你老公多顾家啊……"

没等我说完，她就摆了摆手："不说他了，一说更气。"

我只好识相地闭了嘴，但在我看来，他们夫妻间的问题更多出在她身上。

在我的印象中，她跟我、跟别人聊天，没有一次是不吐槽自己丈夫的，她的话一度让我觉得她的丈夫是个一无是处的人。

但事实却并非如此。

有一次，她邀请我去家里吃饭。我到了之后，她正在厨房准备饭菜，她的女儿也在家，她不让我帮忙，我就和小女孩一起看起了故事书。

第七章 这些你没有意识到的情况，可能也在伤害孩子

不一会儿后，她老公回来了，是一个很直爽的男人，跟我问了声好后，就主动进厨房帮忙去了。这之后，本来安静的厨房瞬间热闹了起来，到处都是同事的呵斥声："我都说了多少次了，你还是做不好""这个不该这么放""你手怎么那么笨呢""拿走啊，没一点眼力劲儿"……那大嗓门，我在客厅都听得清清楚楚，从头到尾都是同事在数落，她老公连大气都没喘一下，我心里不由得同情起这个男人来。

"宝贝，你妈妈经常这么说你爸爸吗？"我问同事女儿，她点了点头。

"那你觉得爸爸好吗？你喜欢爸爸什么呢？"我又问道。我总觉得这种家庭氛围会让孩子对父亲的印象变差，果不其然。

"爸爸太笨了，什么都做不好，但有时候他会给我买好吃的、好玩的，所以我也不知道喜不喜欢爸爸。"女孩说道。

"一个人有缺点也会有优点，你的爸爸是个很好的爸爸呢。"我也不知道该怎么改变女孩的看法，只好说了这么一句话。

很快，饭菜做好了，餐桌上同事的嘴依旧絮絮叨叨地不停。

男人夹了下土豆丝，结果掉到桌子上一根，惹来同事一顿数落："邋里邋遢的，掉得哪里都是"，末了还不忘教育下女儿，"可别学你爸，做事一定要干净利索。"

女孩瞥了爸爸一眼，男人的脸上多少有点挂不住。

"姐，没你说得那么严重，不就是不小心掉了个菜吗？我一会儿可能掉得更多，你可别把我赶出去了啊。"我本想开口缓解下气氛，可没想到又引来同事一顿埋怨"你不知道，他不是这一次，经常这样毛毛躁躁的，要不我能说他吗……"

大概是我在场的原因，男人没说什么，只是憨憨地笑着以作回应。

爸爸、妈妈、孩子构成了一个家庭，而父母作为孩子的第一影响者，分别扮演着不同的角色。

　　父亲是一个家庭的脊梁、支柱，承担着家庭的重任，是其他成员安全感的主要来源，他可以不优秀，但必须坚强可靠，拥有强烈的责任心，所以父亲应该是一个坚毅的、遇事沉着冷静的形象，让人安心，不慌乱。

　　妈妈是一个家庭的港湾，也是氛围的缔造者，家庭成员是否快乐幸福、家庭气氛是轻松愉快还是沉闷压抑、子女性格及三观是否端正，很大程度上都取决于母亲，所以妈妈的角色应该是一个包容性极强、性情温和的形象，能时刻让人感觉到温暖和爱。

　　父母两个角色一个似山，一个如水，对家庭的作用同等重要但又完全不同，缺一不可。然而在"母强父弱"的家庭中，父母角色的调性被颠覆，产生的作用就会改变。当然，这里所说的"女强男弱"并不是指能力或经济实力，而是指性格，即强势的母亲和弱势的父亲，案例中同事和她的丈夫就是典型的例子。

妻子数落丈夫，给人的印象就是，本该温润如水的母亲，却张牙舞爪，十分强悍；本该不怒自威的父亲，却唯唯诺诺，低声下气。这既会扭曲母性的正向引导作用，也会削弱父性的积极作用，不仅会影响夫妻关系，更会影响孩子的成长。

妻子总是数落丈夫，尤其是当着孩子的面，就会让父亲在孩子心目中的形象大打折扣，孩子会认为父亲很无能，不可靠，进而就会看不起、不尊重父亲，也肯定不会把父亲当作崇拜、学习的对象，这就意味着，孩子性格品质的养成中属于父亲的那一部分是缺失的、不完整的。

教育学者称，父亲的可靠、稳重、威严是子女男性性格形成的基石，拥有男性性格的人更容易获得幸福人生。

何为男性性格？即一种敢于担当、勇于负责的气概，一种运筹帷幄、处变不惊的自信。

男孩若缺少男性性格，就无法成长为真正的男子汉，不能够给人以安全感，成年以后也很难成为一个合格的男人、合格的丈夫、合格的父亲。

女孩若缺少男性性格，给人的感觉就是不够沉稳内敛，阴郁暴躁，情绪多变，可能会有一些社交障碍，并且对女性男性都存在错误的认知。

妻子数落丈夫其实是父亲角色在家庭中的作用趋于边缘化的象征，一般来讲，当父亲在这个家庭的作用越来越边缘化之后，母亲就会变得日益强悍甚至说一不二，对待子女时也往往是专制的。

儿童心理学中有一种说法，亲子关系中，孩子总会向同性父母一方形成认同。从这个角度来看，女儿会向强悍的母亲认同，久而久之，女儿也会变成强悍的女儿，有时候即使她并不认同妈妈的做法，却也会在无形中继承这种模式，并会无意识地将其带进到自己的亲密关系中，数落自己的男友或老公。

对于儿子来说，父亲的意义更加重大。当母亲批评自己的丈夫时，在儿子眼中，母亲指责的并不是父亲一个人，而是所有男性，包括自己在内，也就是说，妻子嘲笑、奚落她懦弱的丈夫之时，她其实也等于把这种嘲笑和奚落同样甩给了她的儿子，因此儿子也会像被数落的父亲趋于认同，觉得男性就该这样，从而变得越来越懦弱，即每一个强悍的母亲背后必定有一个懦弱的儿子。

当妻子数落丈夫成为一种习惯，而丈夫因为麻木选择默认，这就预示着，这个家庭已经进入了父权丧失的阶段。

在父权丧失的家庭中，孩子无法从父亲身上学到尊重、权威，认为无能就是男性的本态，并且由于对男性力量认识较少，会患上"父爱缺乏综合征"，这对男孩的影响尤其大，主要表现在：

身心发育：容易缺乏阳刚之气，身体发育缓慢，性格谨慎孤僻，进入社会后无法很好地适应，不能按照性别规范行事。

择偶标准：面对强势的母亲，男孩会自觉摆出讨好的姿态，渐渐的男孩就会在情感上保留这种"受虐倾向"，甚至出现"恋母情结"，在选择结婚对象时，也会以母亲的形象作为模板，最终重蹈"被妻子数落"的覆辙。

到这，妈妈们肯定已经意识到数落老公的严重后果，存在这种情况的妈妈，肯定也想要改变自己，但究竟该怎样去做，心里却没有答案，毕竟已经成为习惯的行为不是说变就能变的。

改变之前，妈妈需要对强势性格有一个深入的了解，比如形成的原因、外在的表现。

强势并不等同于个性要强，女强人也不是强势的代名词。有的女性在工作上雷厉风行，但在丈夫家人面前显得温柔体贴，这样的女性婚姻一般都很幸福；而有的女性则恰恰相反，在外人面前随和好说话，在家人面前却像刺猬一样，这样的女性常常面临各种各样的家庭问题，也正是我们说的强势女人、爱数落老公的女人。

这样的女人会给人一种压抑的消极的感觉，喜欢和别人比较，并把自己缺失的东西怪罪到丈夫身上，常常抱怨生活，觉得自己很委屈，做事情有一套属于自己的方法理论，当别人不按照自己的要求做时，就会生气。总的来说具备以下几种特质：**常常自以为是、习惯性委屈、总是吹毛求疵、喜欢指手画脚、不懂知足。**

那么，这些特质是如何形成的呢？换句话说，为什么妻子喜欢数落丈夫呢？可能的原因包括：

第一，妈妈从小缺乏父爱或者觉得自己的父亲无能且愚蠢，很早就开始自己做决定，独立行事；

第二，妈妈对现状不满，但又无力改变，且发现丈夫的种种表现与自己希望达到的目标相去甚远；

第三，妈妈缺少安全感，需要通过自我价值不断被外界认可来获得安慰；

第四，处于某个特殊时期，比如产后、更年期、事业瓶颈期等。

这四种原因虽然各不相同，但本质都与妈妈内心安全感缺乏相关。这也是为什么那些看起来"恶狠狠"的妈妈生活得并不幸福，总是板着一张脸，很容易被激怒，一副苦大仇深的样子——她们缺乏爱的能力，也就看不到生活中的美好。

若你也有常数落老公，跟家人发脾气的烦恼，可以试着这样去做：

每天记录一件让自己感觉很妙的事情或事物，一件让自己感恩的事情；每星期写下五件与老公相关的且还能让你觉得开心的事情；定期跟老公来一场坦诚的交流，明确告诉他自己想要的，自己所希望的，互相指出问题；把

注意力放在自己拥有的东西上，而不是没有的，知足才能常乐。

企业有企业文化，家庭其实也有家庭文化，而妈妈作为家庭文化建设主导者，影响着每一位家庭成员，当你觉得丈夫无能而数落他时，只会加重他的无能，也会给孩子塑造一个毫无正面意义的父亲，这对整个家庭来说，都是毫无意义且有害无利的。

妈妈的包容决定了家庭的幸福，妈妈的修养决定了家庭的温度，妈妈的格局决定了每个家庭成员的高度。

第七章 这些你没有意识到的情况，可能也在伤害孩子

过于自我，孩子会觉得"我是多余的那一个"

在知乎上看到一个问题：如果一个妈妈爱自己比爱孩子多，算自私的表现吗？

下面的回答几乎清一色否定：当然不算，一个母亲首先要爱自己，才能更好地爱孩子。

这个观点，我很认同。满足快乐的母亲才能用更平和的心态对待孩子，只有自己心里装满爱的人才能更敏锐地察觉到孩子们的真实需求，那些连自己的需求都选择漠视的母亲，其实真的没有多余的能量去爱孩子。一个爱自己的妈妈必定会让自己生活得舒服、快乐，这样的妈妈才会更有精力和心思去爱孩子、照顾孩子。

不过，凡事都要有度，爱自己，虽不等同于自私自利，但如果超过了限度，就另当别论了。一个太过爱自己的人，必定是一个事事都以自我为中心的人，这样的人往往会在无形中给身边的人带来伤害。若一个妈妈过于自我，伤害最深的便是孩子，因为她会忽略孩子的感受和需求，让孩子在最渴望被爱被保护的年纪，感受不到来自妈妈的关心，无法获得应有的安全感。

网络上"父母很自我是一种什么感受？"问题下面，有这样一个回答：

我的妈妈就是一个特别自我的人。她有正式的工作，收入稳定，但很少

把钱花在我们身上，还常常四处借钱。

因为她只顾自己享受，买最新款的衣服、各种化妆品，经常跟风买一些特别贵的进口食品，外出从不坐公交，即使只有十分钟的路程，也要打车，最让我不能忍受的是，她还赌博。除了花钱大手大脚，我的衣食起居，她也很少关注，甚至可以说，我的长大，跟她关系不大。

一年 365 天，我有 300 天都是在奶奶家、姥姥家吃饭；我的衣服鞋子，也都是其他亲戚剩的或是买的；我的学习，她就没有管过……

可就是这样，我妈却在她的朋友、同事面前努力地设立"好妈妈""潇洒妈妈"的形象，给我按上"莫须有的美名"："这孩子太懂事了，什么都不让我操心。"引得不明真相的人一顿称赞："你可真是有福气啊。""还是你教育得好……"

但其实，我真的想问问她："既然不想管我，为什么把我生下来？"

这种只顾自己享乐，对孩子不管不顾的行为，就是过于自我的表现。

例子中的妈妈无疑是爱自己的，但是她"爱自己"的程度已经严重超出了合理范围，她不仅没有尽心呵护和培养孩子，就连最起码的关怀和照顾都没有做到。这样的妈妈没有承担起做母亲的责任，没有尽到做母亲的义务，根本不配被称为"母亲"。

从这样一个妈妈身上，孩子不能获得他们所需要爱和安全感，感受不到他们作为一个子女、一个生命的重要性，他会觉得自己在家庭中是多余的，甚至是没有必要存在于这个世界上的。

妈妈对孩子的爱主要表现于两个方面，一是对身体的、外在的照顾，二是对心灵的、内在的呵护。两者之中，后者更为重要。

相比于对孩子不管不顾的父母，还有一种"看似很关心孩子"的家长在现实中更为常见，他们虽然也会关心孩子的身体健康，不遗余力地为孩子营造良好的生活环境，保障孩子的安全，但却很少和孩子进行正常的情感交流，与孩子建立稳定的情感联系。

这种类型的家长其实普遍存在一个问题，即"情感不成熟"。情感不成熟的父母一方面根本不重视他人的感受，另一方面又对亲密关系存在一定的恐惧感，因此，他们常常过于以自我为中心，不仅很难注意到孩子的内心感受，也不知道如何在情感层面上给孩子提供支持。因此，和情感不成熟的父母生活在一起，即使生活中的一切都被安排妥妥当当，孩子的内心却还是非常的空虚孤独。

这类父母虽然对孩子百般体贴，费尽心思地照顾孩子的衣食住行，生怕孩子受到一丁点委屈，但是却极少关注孩子的内心感受，认为自己喜欢的东西就是孩子喜欢的东西，从来不在意自己付出的究竟是不是孩子所需要的，常以权威的口吻或通过亲情绑架的方式规范孩子的举动，否定孩子的想法，限制孩子的自由。

看上去，他们一直是在为孩子付出，围着孩子转，毫无自我，实际上却正相反，他们这样做正是为了满足自己的内心需要，满足自我的欲望。说到底，他们从骨子里就没有爱自己的孩子，他们爱的只是那种"爱孩子"的感觉，他们真正爱的是自己。

这种爱，带给孩子的很大程度上都是压力和痛苦。一方面，父母忘乎所以的付出和牺牲，会让孩子产生巨大的心理负担，另一方面，父母自顾自的要求、密不透风的管控，又会让孩子觉得他们对自己的爱是建立在一定条件之上的，而非发自内心。

这样的爱，也会让孩子产生"多余感"，认为自己是不被需要的，是不值得被爱的，因为——父母"爱"我不是因为我就是我，而是因为我可以成为他们希望的自己。

综上所述，我们可以将父母的自我分成两种情况，一是过度贪图享乐当下，而导致的对孩子的不负责，二是因过于憧憬未来，而导致对孩子的极度负责。

但不管是不负责的"自我"，还是太负责的"自我"，对孩子来说，都不是好事，不仅会让孩子对自身的价值甚至自身的存在产生怀疑——我该不该来到这个世界上？我到底值不值得被爱？还会影响孩子和世界的相处。

一个孩子与父母的关系，决定了他和世界的关系，换言之，孩子眼中的世界，是由父母一手建造的，孩子对世界的态度和感受，源于父母如何对待自己。

孩子从出生起，就开始与外界产生更为直接的联系，而这种联系正是以父母为纽带的。当孩子从父母那里感受到被爱、被呵护时，当然，这种爱和呵护不仅仅是指身体上的照顾，更是情感上的理解和支持，他会觉得自己被这个世界所接纳所爱护，反过来，他也会接纳和深爱这个世界。同理，当孩子从父母那里感受到的是被冷落、被忽略时，他就会觉得自己是被世界所排斥和抛弃的，反过来，他也会对这个世界充满敌意。

第七章 这些你没有意识到的情况，可能也在伤害孩子

被过于自我的父母教养的孩子，很有可能成为一个非常自我的人，做事不考虑他人感受，不考虑后果，每每遇到挫折困难，都会怨天载地，抱怨生活不公；一个严重自卑的人，总是觉得自己哪也不行，在这个世界上没有任何价值和意义；一个没有主见的人，习惯于听从父母的安排，不敢按照自己的意愿行事；一个过度内耗的人，想要摆脱父母的控制，但又止步于亲情的绑架，只能不断纠结痛苦；一个彻底疯狂的人，压抑到了一定程度，势必就会爆发……

个性也好，爱自己也没错，但千万别太自我。希望妈妈们在爱自己的同时，也能给予孩子合理健康的爱。

不注重形象，孩子会抬不起头来

妈妈的形象，对孩子有影响吗？这个问题，让我想起了《淘气包马小跳》中的一个故事：

小女孩安琪儿有一个非常"可怕"的妈妈，她觉得自己是天底下最爱孩子的人，她会因为女儿不聪明而每天拉着她游走于各个补习机构；她会为因为想了解女儿而偷看孩子日记；她会为每天如何在朋友圈晒娃而绞尽脑汁……就是因为这样为了孩子，她忙得没有时间打扮自己。

于是，我们就看到了安琪儿对妈妈的穿着的评判：妈妈永远穿着花衣服，这个衣服看起来不适合她，穿着厚底黑鞋子，走起来砰砰响，一头小卷发干枯又毛躁……

妈妈的不顾形象，刺痛了安琪儿青春萌动的心，让她生出一股怯生生的自卑来：每次都是等同学们走远了她才贴近妈妈，每天最紧张的时刻，就是要掩饰自己的母亲……

父母不注意自己的形象，会击中孩子的羞耻心，让孩子抬不起头。

和安琪儿一样，我上高中的妹妹和表弟也曾这样评价和"掩藏"过他们

第七章 这些你没有意识到的情况，可能也在伤害孩子

穿戴不得体的父母。

和很多家长一样，开始我也觉得是孩子的虚荣心作祟，但很快发现，并不是那么回事，他们并没有要求父母穿得多么华丽奢侈，只不过想要父母穿着得体端庄一些，多花一点时间去打扮打扮自己，别让他们在同学面前没面子。

即使很小的孩子也会有自尊心、羞耻心，当父母以邋邋遢遢不整洁的形象出现时，周围异样的眼光、不好的说辞都会勾起孩子的羞耻心，让他觉得很没面子。在孩子心中，父母和他是一体的，是不可分割的，同时也是无比美好的，也正是因为如此，他们不想父母被别人嘲笑和伤害，才会特别在意父母的形象。

一位作家妈妈曾写过自己这样一段经历：

母亲节那天，女儿送给我一幅画，画上是一位公主，穿着华丽的长裙，头戴王冠，手捧鲜花，美丽又优雅。

"这是我吗？怎么一点都不像呢？"我问女儿。

"当然了，在我心里，妈妈就和公主一样美丽。"女儿斩钉截铁地回答。

之后有一天，我去参加女儿的家长会，她像一个小大人一样嘱咐道："妈妈，你一定要穿着小裙子，戴上丝巾，打扮得漂漂亮亮的。"

那天，我收获了不少小朋友的称赞，女儿别提多高兴了，脸上满是藏不住的骄傲和自信。

妈妈的美丽，给予孩子充分的自信，并能在无形中塑造孩子的审美能力。

中国自古以来就有"儿不嫌母丑"的说法，即不管父母的外在是什么样子，孩子都必须无条件接受，否则就是不孝。这种观点放到现在来看，其实是非常局限的。

人对世界的认识，多以眼睛为媒介。作为孩子最为亲近的人，母亲的穿着打扮、言行举止能够给孩子最直观的感受，影响着孩子的为人处世。

妈妈对美的追求、对生活的热爱，会在年幼的孩子心上留下深刻的印记，慢慢渗透进孩子的骨子里，在妈妈的影响下，孩子会越来越自信开朗，也会对美产生独到的见解，拥有超乎寻常的审美能力，这样的孩子长大之后，很大程度上也会像母亲一样，优雅、独立、美好，并把对生活的态度传递给身边的人。

心理学博士张怡筠说过一段话："你越时髦，孩子越自信；你身材越好，孩子越骄傲；你越有进取心，孩子越勤奋；你越坚持做自己，孩子越独立。"

其实，妈妈对孩子最好的教育，并不是360°无微不至的照顾和无时无刻不停地教诲，而是要善用榜样的力量，你想让孩子成为什么样，首先自己就得是什么样。

第七章　这些你没有意识到的情况，可能也在伤害孩子

一个人的体面，代表着他的个人修养、代表着他对生活的品位、代表着他对别人的尊重、代表着他的骄傲、自信和尊严。一个体面的人是一个认真对待生活的人，这样的人，生活也会善待他。

而一个母亲的体面，除了个人的生活情调，更代表着一个家庭的脸面以及孩子的未来。

在一个时刻注意着自己形象的妈妈熏陶下，女孩更有可能拥有出众的仪态和气质，自然而然地流露出一种外在的优势。

知乎上，有一个网友说："讲真，我非常羡慕我的表妹，不单是因为她长得漂亮，更是因为她有一个特别会打扮和保养的妈妈。"

姨妈今年49岁了，但她身材苗条，皮肤白皙有光泽，还有一头乌黑亮丽的长发，丝毫没有那种中年妇女的沧桑感，比起周围的同龄妇女，简直年轻了十岁不止。

实际上，姨妈只不过是会生活，她利用与多数人同等分量的资源，活出了最大程度的体面。

姨妈没有工作，一家三口的吃穿用度、交际往来全靠着姨夫一个月不到 4000 元的工资，尽管如此，姨妈还是在把家里上下操持得井井有条，也把自己打扮得光鲜亮丽。

表妹说，她小时候最喜欢的一件事，就是妈妈到学校里去看她，因为同学们都会夸妈妈年轻漂亮，同学的家长也会称赞妈妈会打扮，她非常享受这种感觉。

因为姨妈和姨夫都是高颜值，表妹从小也是一个美人坯子，但表妹却说，她的美全是姨妈"养"出来的。

别的孩子在吃薯片、辣条等各种垃圾食品时，表妹正在吃姨妈精心调配的以红枣、核桃、芝麻等为原料的零食；当别的孩子穿得邋里邋遢时，表妹被姨妈打扮得像个小公主；姨妈还说喝牛奶养皮肤，表妹就从小学喝到了现在……

姨妈的这些讲究没有白费，表妹越长越漂亮，人也特别自信，学习成绩也遥遥领先，从高中时就开始担任各种晚会的节目主持人。大学毕业后，因气质出众、言行得体，十分受领导喜欢和器重，工作也很顺利。

表妹给我最深刻的印象就是，她总是神采奕奕的，脸上挂着明媚的笑容，我想，大概只有被妈妈用心养大的孩子，精气神才会这样的好。

而我，则完全是和表妹相反的存在。

基因遗传优势不明显，妈妈也不会打扮，更不会给我打扮，从小"熘瓜皮"，穿别人的剩衣服，以至于到现在我对美都没有一个清晰的认识。

还记得有一次，我穿的一个松松垮垮的 T 恤在路上走，忽然听到背后有人喊我"大姐"，我扭头一看，是一个三十多岁的男人想向我问路，他看到我也愣了一下赶紧改口称"小妹妹"。这件事虽然过去很久了,但却一直留存在我的心里,每每想起,还是会又羞又恼。

现实中长相漂亮的女孩有很多,但会打扮、气质好的却没有几个,我就见过很多长相不错,但周身散发着土气和自卑的女孩,这样的女孩,她们的妈妈也肯定不会是一个注重形象的人。

一个不注重外表的妈妈必定是一个悲观的人,她连自己都懒得收拾又怎么会对生活充满热情?即使她有很多美好的品质,也会因为形象的不美好而被忽略,孩子从这样的妈妈身上感受不到积极向上的生命力,也无法获得对美的欣赏力。

而注重形象的妈妈,必定是一个乐观的人,她不仅会将自己打扮得体体面面,也会将自己的审美传递给家人,用积极向上的生活态度,温暖着整个家庭。

很多时候,学校教育、家庭教育都在告诉孩子,不要以貌取人,于是,在大多数家长的看来,小孩子是不需要打扮的,若孩子爱美、爱打扮,就会影响学习,是一件"不应该"的事情。因此,很多孩子因为从小就不会打扮,缺乏审美的眼光,又没有人引导,长大后也不会打扮自己,不懂得如何扬长避短,凸显自身的形象优势,规避劣势,从而给人一种不清爽不得体的感觉。

心理学上有个"首因效应",指的是交往双方形成的第一印象对之后交往的影响。当别人对你的第一印象产生好感时,深入交往才会顺利展开,正如勃依斯公司总裁海罗德所说:"只有留给人们好的第一印象,你才能开始第二步。"我们在与人交往接触时,最初展现的就是自己的形象,所以好的第一印象,往往就取决于外在形象。

就像杨澜所说:"形象永远走在能力前面,没有人有义务必须透过连你自己都毫不在意的邋遢外表，去发现你优秀的内在。"

在一个任何状况下都能保持体面的妈妈影响下，男孩更容易具备坚韧不拔的品格和不服输的精神，不会轻易被困难打败。

电影《叫我第一名》，就讲述了一位体面的老妈和两个"问题"儿子的故事。

男主人公布拉德·科恩，他的梦想是成为一名优秀的教师，但是科恩患有妥瑞氏症，这种病会让他不受控制地扭动脖子和发出奇怪的声音，因此，常常受到旁人异样的眼光和嘲笑，就连他的父亲也经常打击他，他的求学和求职之路格外艰难。

好在，他有一位超级硬核的老妈。

一个被离婚的妇女，带着两个杀伤力爆棚的多动男孩，承受着来自学校和社会的种种歧视，生活拮据，工作不顺……她有一千种理由抱怨，有一万种理由退缩，然而，她并没有，相反，她比大多数优于自己处境的人生活得要精彩得多，

一丝不苟的妆容，闪亮的指甲油，精致的卷发还有用心搭配的耳环项链……每一次出场，她的妆容都无可挑剔，每一个细节都透露出这是一个认真生活的女人。不管生活多么艰辛，她始终是孩子世界里那个金光闪闪、干劲十足的无敌老妈，举手投足之间都是对生活的不屈和热爱。

正是在这样一位老妈的影响下，科恩对未来充满了希望，妈妈的努力和坚持、妈妈的体面和精致、妈妈的干练和勇敢，让科恩充满了自信和力量，让他相信自己一定能够打败种种困难，达到人生的高峰。

事实也的确如此，最后，科恩不仅实现了自己的梦想，还收获了美好的爱情。

第七章 这些你没有意识到的情况，可能也在伤害孩子

母亲的体面让科恩看到了一个人柔软而又强大的内心，让他感受到了来自母亲、来自家庭的正能量，也让他明白，只要心存希望，无论多大的困难都不能将自己打倒。

一个妈妈在任何状况下都能保持体面，无疑是在告诉孩子：生活有望，未来可期。正是从这个身处泥泞依然闪耀着光芒的母亲身上，科恩学会了不轻易妥协和认输，学会了积极地迎接各种困难，学会了笑对嘲笑和不公。无论生活怎样的刁难他，为他设置障碍和陷阱，他都满怀希望，勇往直前，因为他的背后有一股温柔而强大的力量拥簇着他，包围着他，让他一步一步迈向幸福人生。

对于孩子来说，没有一个人能比得上妈妈的影响，而拥有一个注重形象、懂得打扮的妈妈，就如同拥有了一笔无尽的财富，她教会孩子欣赏美、享受美，给予孩子拼搏的勇气，让孩子永远心怀希望，随时随地可以满血复活。

到这，其实妈妈们都应该明白，形象是一个包罗万象的词语，它不仅仅指的是美或丑的区别，更是个体对生活、工作的态度，为人处世的状态，甚至是思维方式、内在素质和修养的一种展现。正如加拿大商务形象设计和人格心理咨询师英格丽·张在《你的形象价值百万》一书中所写，**形象是一个涵盖内容非常广泛的名词，穿着打扮仅仅是很小的一部分，它还代表着个人的言行举止、修养、生活方式、知识层次，甚至于家庭出身、社会等级、朋友圈层次等。**

所以妈妈的好形象，真的可以让孩子昂首挺胸，勇往直前。

八卦、不尊重人，孩子会变得很滑头

人们常说"八卦"是女人的天性，无论是身处职场还是在家育儿，无论是小孩还是成人，女性的八卦之魂永远在热烈地燃烧着。

喜欢八卦很正常，更无对错。

每个人都有好奇心，在好奇心的驱使下，谈论一下别人的事情，作为闲暇时候的消遣，无可厚非。很多喜欢八卦的人也会有抱有这样的想法："我又没有恶意，聊一聊怕什么？"的确，几个人凑在一起，说一说明星趣事，聊一聊家长里短，很有意思，基本上也不会对别人造成什么影响。

但是，这并不是绝对的，因为即使你无意，也不能排除其中有喜欢搬弄是非、挑拨离间的人，你也不能保证自己会不会被带偏。

总之，聊八卦没有对错，但并不提倡，尤其对于身为妈妈的女人来说。

一方面，聊八卦很容易刷新和改变人的三观，倘若妈妈被错误的观念洗脑，然后再将之传递给孩子，就可能会产生不好的后果。

另一方面，聊八卦是一个主观性较强的"活动"，这过程中，人的行为很可能被情绪带着跑，从而做出不好的举动。

可能使用不恰当的、带有侮辱性、过分夸张的词语；也可能不由自主地窥探了别人隐私，侵犯了别人的隐私；也可能聊到了自己讨厌的人时，突然情绪激动，忘乎所以，唾沫横飞，开始了恶意调侃。

总之，即便自己不想，也很可能做出不尊重人的行为，自己或许没有意识到，但却会对孩子造成影响：

▶ 孩子模仿妈妈调侃别人，不尊重人

前两天，小艺和妈妈逛街时，遇到了几个妈妈的好姐妹。

阿姨和妈妈给小艺买了好多好吃的、好玩的，然后她们找了一家咖啡厅开始了她们久违的闺蜜聚会，小艺就在一旁乖乖地边吃边玩。

其间，她们聊到了她们的同学，也是现在小艺家的邻居，张阿姨。

一提到张阿姨，妈妈就很激动地说："你们可是不知道啊，她现在变化可大了，她当初多清瘦，现在都快 150 斤了，她儿子也特胖，长得跟个小猪仔似的，可壮了。"

大家听了纷纷一笑，表示心宽体胖，说明生活条件好了。

有一天，小艺和妈妈在小区里散步，恰好碰上了张阿姨带着儿子回来。

小艺看见张阿姨的儿子，上前就指着人家说："啧啧啧，看看这胖的，像个猪一样。"

张阿姨听了这话，脸色别提有多难看了，小艺的妈妈赶忙道歉，然后呵斥了小艺，可小艺却说道："凭什么妈妈能这么说别人，我就不能说呢？"

闻言，张阿姨脸色更难看了，小艺妈妈恨不得找个地缝钻进去。

孩子在小的时候，模仿能力极强，有时候大人随便一句话，随便一个动作，可能自己都没放在心上，孩子却深深地记在了心里。

国外曾有人做过一个实验，实验者坐在 2～3 周的大的婴儿前，对着孩子吐舌头、张嘴、瞪眼做各种夸张的动作，然后平静下来，等待孩子的反应。结果表明 2～3 周大的婴儿已经会模仿大人吐舌头、张嘴，以及简单的手指运动。

孩子的模仿能力跟个人的发育情况有关，一般来说，3～6 岁这个年龄段是孩子学习的最佳年龄段。这个年龄段，孩子的模仿能力强，接受快，好奇心强烈。

模仿大人说话做事并不是孩子无意识的行为，而是他们认识世界的一种方式。大多数孩子是通过观察式的学习方式来学习，即通过观察和模仿他人的行为，但是由于他们认知能力有限，对很多事情不能有合理的判断，在模仿他人时就会不分好坏，一股脑儿学了去。

所以，家长要注意自己的言行举止，在孩子面前，最好不要随便评判别人。

孩子不懂得长幼有序，不懂礼数

鹏鹏父母在家聊起左邻右舍、朋友的事情时，可能是因为习惯或者聊的内容"不正经"，总是直接喊人外号，而这，不知道在什么时候全被鹏鹏学了去。

于是，每当这些邻居到家里做客时，鹏鹏根本不管他们是不是长辈，要么直呼其名，要么就喊人家外号，一点规矩都没有。

虽然，妈妈每次都会教育鹏鹏，但鹏鹏每次又都会故意再犯，还冲着妈妈做鬼脸，让人无可奈何。

有些家长在外面可能谦逊有礼、举止得体，但一回到家就会"原形毕露"，特别随便。当然，家就是让人放松的地方，但是在孩子面前，还是要有所顾忌。父母在孩子面前表现得不尊重人或者互相不尊重，都会让孩子在无形中学会不尊重他人，也会给孩子"父母很随便"的感觉，让自己在孩子面前失去了"威严"。

当孩子喊别人外号、调侃别人时，他可能只是觉得好玩，这时候如果父母或是其他长辈，在教育他时表露出一些积极情绪，孩子就会觉得他这种行为是积极的，此后会变本加厉。所以遇到这种情况，家长们应该严肃认真地对待。

孩子变得油嘴滑舌，吊儿郎当

京京的妈妈，在跟周围的几个邻居聊天时，经常互相开玩笑，有时候甚至打荤腔，也不避着孩子。

京京听得多了，耳濡目染，自然也学会了不少。

跟同辈人聊天时，京京常常没个正行，动手动脚的，有时候甚至表现得像个中年油腻大叔；跟长辈聊天时，京京也很难认真严肃起来，人家说一句，他能回十句，歪理不断，胡搅蛮缠。

爸爸妈妈为这事说过京京很多次，京京不仅不觉羞愧还振振有词："我这叫口才，能说会道，你们懂什么呀？再说了，我这不少词还是从你们那里学的呢。"

京京这样，爸爸妈妈也没了办法。

实际上，现实生活中"嘴贫"的孩子要比"老实巴交"的孩子更讨人喜欢。人们通常认为"嘴贫"的孩子更聪明，更会交际，将来在社会上也更"吃得开"。

的确，"嘴贫"的孩子一般反应较快，思维活跃，但是好是坏，也要看"嘴贫"到什么程度。如果孩子伶牙俐齿，能说会道，且句句在理，那就表明孩子语言组织能力、表达能力极强，思维清晰，这是好事；但如果孩子信口雌黄，故意胡搅蛮缠，言语举止不得体，那就是弊大于利。

像例子中京京这种情况，家长就应该重视起来。并且孩子过于贫嘴的原因，很大程度上也是和京京一样，受到父母的影响。

值得一提的是，往往这样的父母，在孩子的"嘴贫"初露头角时，会认为没什么，是孩子聪明的体现，然后以一种看似责怪但实则沾沾自喜的心态进行教育，比如说"我家这小鬼头……""这孩子，怎么这么能说……"而孩子却能从中准确地捕捉到大人的欣喜,从而"以此为荣",这样之后,即使大人再严厉教育,他们也会不以为意。

心理学上有一个"阳性强化法",指当儿童出现某一良好行为时,即刻给予他所喜欢的强化物,以此来提高这一行为发生率的一种方法。而上述家长的做法正是这种方法的滥用。

激励措施被爱"炫耀"的大人用在了错误的目的上,因此,孩子就会更加认可和强化自己的"嘴贫"行为。

也就是说,家长在注意言行举止的同时,也要更注意教育时的态度和语气,不要让孩子误解。

通过上面几个例子可知,父母们若是爱八卦不尊重人,很有可能会让孩子有样学样,甚至将这些"不正经"的行为"扩大化""平常化",而变得特别滑头,给人"随便不正经"的感觉。

如果孩子长期生活在这样的氛围中,随着年龄的增长,他可能就会越来越滑头,爱耍小聪明,甚至养成"流氓气质",变得"流里流气",不稳重。这样的人可能凭借自己短见的聪明获得一时的荣耀,交到一众表面好友,但很快就会被人看清本质,进而被疏远,最终只能和与自己"情趣相投"的人混在一起,惶惶度日。

当然,凡事没有绝对,很多妈妈可能会说,我也经常聊八卦,也没见对孩子造成什么影响。外界的刺激对个体的影响也和个体本身的生长发育情况以及先天气质有关,不能一概而论,但是在孩子面前注意自己的言行举止,终归是没有坏处的。

后　记

汪曾祺先生曾在《多年父子成兄弟》一文中，这样描写自己的父亲：

父亲是个很随和的人，我很少见他发过脾气，对待子女，从无疾言厉色。他爱孩子，喜欢孩子，爱跟孩子玩，带着孩子玩。我的姑妈称他为"孩子头"。

寥寥几句话，却让我突然想明白了一个困扰自己很久的问题。

我的周围，有各种各样的父子、母子，他们有的像老师和学生，有的像皇帝和臣子，有的像债主和欠债人，也有的像朋友，有的像陌生人，有的像仇人……

总之，什么样的都有，但每一个家庭、每一个孩子，似乎都缺了一些什么。

"老师和学生"之间太过正经，"皇帝和臣子"之间太过恭敬，"债主和欠债的"之间太过凌厉，像朋友的过于随意，像陌生人的过于冷漠，像仇人的总是充满暴力……

父母与孩子的关系，究竟该是怎样的呢？我不停地在想。

从汪曾祺先生的文字里，我找到了答案。

父母将人生经验传递给孩子，孩子让父母更懂得尊重和爱，两者相互成长，这是师。

父母懂得孩子的快乐和悲伤，孩子明白父母的付出和苦心，两者相互理解，这是友。

父母陪伴孩子一起玩闹，孩子让父母重回童真，两者共同释放天性，这是玩伴。

亦师亦友亦玩伴，这样的孩子和父母之间，打骂、指责、争吵、生气、嘲笑、冷漠……一系列暴力或者冷暴力的行为，几乎是不存在的，在这样的关系中，孩子才会成长为一个真正的人，父母也会受益良多，彼此之间流淌的才是真正的爱。

精神分析学派的心理学家弗洛姆说："真正的爱是在对方身上唤起有生命力的东西。"

真正爱孩子的父母会给予孩子足够的陪伴，理解和包容孩子的任性，快乐孩子的快乐，慰藉孩子的悲伤，带领孩子走出错误的泥沼，指明他们前进的方向，但从不会直接干预孩子的选择，不会一味地将自己的价值观灌输给孩子，不会将孩子同他盲目比较，而是只把他当作是他，让他做自己。

在这样的育儿过程中，父母也会通过孩子这面镜子，不断发现自我、挖掘自我、完善自我，遇见更加美好和独立的自己，而不是将自己的人生绑架在孩子的身上，不断迷失。

正如那句话所言，父母子女一场，活成自己，是孩子和父母给对方最好的礼物。

若每一对父母都能满怀着温柔和祝愿说出这段话：

如果你想当一个华尔街的银行家，那就去努力吧，
但如果你仅仅想当一个面包师，那也不错。
如果你想从政，只要出于恰当的理由，爸爸妈妈一定支持，
但如果你只想做个动物园饲养员，那也挺好。
愿你慢慢长大，

愿你有好运气，如果没有，愿你在不幸中学会慈悲。

愿你被很多人爱，如果没有，愿你在寂寞中学会宽容。

愿你一生一世每天都可以睡到自然醒。

那么，我想，你的孩子一定是幸福的，他可能不是那么成功，可能不是那么优秀，但他一定是个满眼笑意的人，也一定会被世界温柔以待。

真正好的教育是一场关乎于父母和孩子双方的修行，是成人的广博、稳重、柔和抚慰了孩子初来到这个世界的无知、胆怯、恐慌的生命过程，也是孩子的天真、纯洁、灵动洗濯了成人功利、虚伪、浮躁的心路历程。